Ullstein Theater Texte

Ullstein Theater Texte

Weitere Bände dieser Reihe:

Hauptmann, Der Biberpelz (4975)
Hauptmann, Fuhrmann Henschel (4976)
Hauptmann, Die Ratten (4977)
Hauptmann, Rose Bernd (4978)
Hauptmann, Vor Sonnenaufgang (4979)
Hauptmann, Der rote Hahn (4981)
Hauptmann, Die Tochter der Kathedrale (4982)
Hauptmann, Gabriel Schillings Flucht (4983)
Hauptmann, Winterballade (4984)
Hauptmann, Einsame Menschen (4985)
Kaiser, Gas (4986)

Ullstein Theater Texte

Ullstein Buch Nr. 4980
im Verlag Ullstein GmbH,
Frankfurt/M – Berlin – Wien

Text der Centenar-Ausgabe

Umschlagentwurf: Kurt Weidemann

© 1959 by Verlag Ullstein GmbH,
Frankfurt/M – Berlin – Wien
Alle Rechte, insbesondere der
Bühnenaufführung, der Rundfunk-
und Televisionssendung und
Wiedergabe, der Verfilmung und
der mechanischen Reproduktion,
sowie evtl. künftig noch entste-
hende Rechte, vorbehalten.
Diese Rechte sind ausschließlich
zu erwerben von dem Verlag
Felix Bloch Erben, Berlin 12,
Hardenbergstraße 6
Printed in Germany 1979
Gesamtherstellung: Ebner Ulm
ISBN 3 548 14980 4

Gerhart Hauptmann

Vor Sonnenuntergang

Schauspiel

Ullstein Theater Texte

VOR SONNENUNTERGANG

Schauspiel

DRAMATIS PERSONAE

MATTHIAS CLAUSEN, Geheimer Kommerzienrat, soignierter Herr von siebzig Jahren

WOLFGANG CLAUSEN, sein Sohn, Professor der Philologie, ungefähr zweiundvierzig Jahre alt, ein etwas steifer Professorentyp

EGMONT CLAUSEN, genannt Egert, des Geheimrats jüngster Sohn, zwanzig Jahre alt, schlanker, hübscher, sportlicher Junge

BETTINA CLAUSEN, Tochter des Geheimrats, sechsunddreißig Jahre alt, etwas verwachsen, eine mehr sentimentale als kluge Persönlichkeit

OTTILIE KLAMROTH, Tochter des Geheimrats, siebenundzwanzig Jahre alt, hübsche, anziehende Frau ohne Eigenart

ERICH KLAMROTH, Ottiliens Mann, siebenunddreißig Jahre alt, Direktor in den Clausenschen Betrieben, vierschrötig, tüchtig, provinziell

PAULA CLOTHILDE CLAUSEN, geborene von Rübsamen, fünfunddreißig Jahre alt. Sie hat scharfe, nicht angenehme Züge, einen Geierhals, dabei eine entschieden sinnlich-brutale Körperlichkeit

DR. STEYNITZ, Sanitätsrat, etwa fünfzig Jahre alt, Hausarzt und Hausfreund bei Clausens. Er ist Junggeselle, wohlhabend, hat seine Praxis eingeschränkt

HANEFELDT, Justizrat, geschmeidiger Herr, vierundvierzig Jahre alt

IMMOOS, Pastor

GEIGER, Professor an der Universität Cambridge, alter Freund des Geheimrats Clausen

DR. WUTTKE, Privatsekretär des Geheimrats, klein, rundlich, bebrillt

EBISCH, Gärtner, über fünfzig Jahre alt

FRAU PETERS, geborene Ebisch, dessen Schwester, etwa fünf-
undvierzig Jahre alt

INKEN PETERS, deren Tochter, nordischer Typ

WINTER, Diener bei Geheimrat Clausen

DER OBERBÜRGERMEISTER

DER STADTVERORDNETENVORSTEHER

STADTVERORDNETE, STADTRÄTE

Ort der Handlung: eine größere deutsche Stadt

ERSTER AKT

Das Bibliotheks- und Arbeitszimmer des Geheimrats Matthias Clausen in dessen Stadthaus. Über dem Kamin links das Bildnis eines schönen jungen Mädchens, von Fritz August Kaulbach gemalt. An den Wänden bis zu der Decke hinauf Bücher. In einer Ecke Bronzeabguß einer Büste des Kaisers Marc Aurel. Zwei gegenüberliegende Türen zu den übrigen Räumen stehen offen, ebenso die Flügel einer breiten Glastür vor einem steinernen Balkon in der Hinterwand. Einige große Globen stehen auf der Erde, auf einem der Tische ein Mikroskop. Hinter dem Balkon sind die Wipfel eines Parkes sichtbar; von dort dringt Jazzmusik herauf.

Heißer Julitag, mittags gegen ein Uhr.

Es treten ein: Bettina Clausen, begleitet von Professor Geiger.

PROFESSOR GEIGER. Es ist nun drei Jahre her, ich bin seit dem Tode Ihrer Mutter nicht hier gewesen.

BETTINA. Es war furchtbar schwer mit Vater, besonders im ersten Jahr. Er konnte sich gar nicht mehr zurechtfinden.

PROFESSOR GEIGER. Ihre Briefe, liebe Bettina, haben mir oft Sorge gemacht. Fast mußte man glauben, er würde nicht aufkommen.

BETTINA. Ich glaubte felsenfest daran. Und weil ich es glaubte, ist es geschehen! *Mit schwärmerischem, gleichsam verklärtem Ausdruck.* Aber ich hatte ja freilich auch das Vermächtnis von Mama: sie hat ihn mir geradezu übergeben, sein Schicksal mir geradezu überantwortet, Vater geradezu an mein Herz gelegt. Zwei Tage vor ihrem Tode sagte Mama: »Ein solcher Mann hat noch viel zu tun auf der Welt, er muß ihr noch lange erhalten bleiben, und du, Bettina, sorge dafür! In dem Augenblick, wo ich die Augen schließe, beginnt deine Aufgabe.«

PROFESSOR GEIGER. Diese schwere Aufgabe haben Sie treulich erfüllt.

BETTINA. Sie war zugleich schwer und leicht, diese Aufgabe. Und dann, Herr Professor, Sie sind ja der beste Freund von Papa, Sie kannten ihn lange vor mir und besser als ich — mir war es erst in den letzten Jahren vergönnt, ihm wahrhaft verstehend nahezutreten —, so mögen Sie vielleicht ahnen, was mir diese Zeit bedeutet hat. Und schließlich das Glück, die Belohnung dieses Erfolges!

PROFESSOR GEIGER. Er ist wieder ganz der alte geworden?

BETTINA. Er war nach Mamas Tod gleichsam erblindet, wie er mir gestanden hat, und mußte sich langsam ins Leben zurücktappen.

PROFESSOR GEIGER *tritt an die offenstehende Balkontür, blickt in den Garten hinunter, aus dem jetzt die Klänge einer Jazzband heraufdringen.* Und nun auf einmal das Leben im Haus — — unten die Gardenparty mit Drinks, Bowle und Limonade im Gang, wie es in den glücklichsten Zeiten des Hauses gewesen ist!

BETTINA. Er ist dem Dasein wiedergegeben.

Gleichsam um sich in den Garten zu begeben, gehen beide im Gespräch zur gegenüberliegenden Tür hinaus.

Durch ebendie Tür wie die Vorigen erscheinen Professor Wolfgang Clausen und seine Gattin Paula Clothilde.

PROFESSOR WOLFGANG CLAUSEN. Eben ist Papa der Ehrenbürgerbrief überreicht worden.

PAULA CLOTHILDE, *mit gemachter Gleichgültigkeit.* Man hört ja munkeln . . . warum denn nicht?!

PROFESSOR WOLFGANG CLAUSEN. Heute abend bringen ihm zwei- bis dreitausend Menschen aus allen Parteien einen Fackelzug.

PAULA CLOTHILDE. Na ja, das muß überstanden werden.

PROFESSOR WOLFGANG CLAUSEN. Überstanden werden? Wie meinst du das?

PAULA CLOTHILDE. Was ist denn schließlich ein Fackelzug? Alle naselang mußte mein Vater als Korpskommandeur so 'nen Fez über sich ergehen lassen. Er stand schließlich kaum noch von Tische auf.

PROFESSOR WOLFGANG CLAUSEN, *leicht gereizt.* Dein Vater natürlich war so was gewohnt. Aber da es Papa etwas Neues ist und für seine Beliebtheit zeugt, wird er sich sehr darüber freuen.

PAULA CLOTHILDE. Ich verstehe die ganze Sache nicht. Erst kriecht euer Vater ins Mauseloch, versteckt sich, läßt sich von niemandem sprechen; dann plötzlich wird dieser Riesenrummel in Bewegung gesetzt. Da muß irgend etwas dahinterstecken.

PROFESSOR WOLFGANG CLAUSEN. Papa hat den Bitten seiner Kinder, meinen, Ottiliens und Bettinens Bitten, nachgegeben und ist zu seinem Geburtstag nicht fortgereist. Nach Schwager Klamroths und unserer Ansicht war das notwendig: wer so wie Papa mit dem städtischen Leben verbunden ist, darf weite Kreise nicht vor den Kopf stoßen.

PAULA CLOTHILDE. Früher hat er das leider sehr oft getan.

PROFESSOR WOLFGANG CLAUSEN. Was willst du nun eigentlich sagen, Paula? Gönnst du Vater vielleicht die ihm so in Hülle und Fülle dargebrachten Ehren nicht?

PAULA CLOTHILDE. Gönnen, gönnen: was heißt denn das? Was hätte denn ich als verarmte Adlige noch für Ansprüche? Und schließlich bringen dir auch mal nach dreißig, vierzig Jahren die Studenten einen Fackelzug. *Sie ist auf den Balkon getreten und nimmt das Lorgnon vor die Augen.* Wer ist denn die blonde Bohnenstange, mit der sich Schwager Klamroth im Kreise dreht?

PROFESSOR WOLFGANG CLAUSEN *tritt neben sie.* Die lange Blonde? Das weiß ich nicht. Ich kenne kaum diesen und jenen unter den Angestellten.

PAULA CLOTHILDE. Na siehst du, Wolfgang, ich weiß, wer sie ist: die Mutter ist Witwe, sie wohnen in Broich, der Onkel ist Schloßgärtner, sie heißt Inken Peters oder so, — man muß seine Augen da und dort haben . . .

PROFESSOR WOLFGANG CLAUSEN. Und? — woher stammt deine Wissenschaft?

PAULA CLOTHILDE. Sie stammt von Justizrat Hanefeldt, er verwaltet die Herrschaft Broich. — Euer Vater soll übrigens manchmal draußen Besuch machen . . .

PROFESSOR WOLFGANG CLAUSEN. Weshalb nicht?! Warum erzählst du mir das? —

Das Ehepaar geht ab.

Sanitätsrat Dr. Steynitz und Privatsekretär Dr. Wuttke kommen.

SANITÄTSRAT STEYNITZ, *mit Bezug auf Paula Clothilde, der er nachblickt.* Diese Dame hat Haare auf den Zähnen.

WUTTKE, *stellt sich unwissend.* Welche Dame meinen Sie wohl?

SANITÄTSRAT STEYNITZ. Eine gewisse, mit der nicht gut Kirschen essen ist.

WUTTKE. Mit welcher gewissen ist nicht gut Kirschen essen?

SANITÄTSRAT STEYNITZ. Mit einer gewissen geborenen von Rübsamen. Oder meinen Sie, daß mit ihr gut Kirschen essen ist?

WUTTKE *lacht.* Nein, das könnte wohl niemand behaupten.
Über Geschmäcker ist nicht zu streiten — aber diese beiden
Ehen, die von Wolfgang und die von Ottilie Clausen, verstehe ich nicht. Der brave Wolfgang und diese Paprika-
schote einerseits — und diese verwöhnte Glashauspflanze
Ottilie, die sich einem richtigen Bierkutscher an den Hals
geworfen hat!

*Direktor Erich Klamroth, etwas hastig, aus der entgegen-
gesetzten Tür.*

KLAMROTH *wischt sich den Schweiß von der Stirn.* Bullenhitze!
Haben Sie meine Frau gesehen?

WUTTKE. Nein, aber Ihr Schwager Wolfgang und seine Frau
sind eben durchs Zimmer gegangen.

KLAMROTH. Das Wölfchen mit der geborenen von Rübsamen.
Diese Frau kommt sich immer vor wie die Direktrice vons
Janze.

WUTTKE. Wenn sie es noch nicht ist, liegt es nicht an ihr . . .

KLAMROTH. Unter anderem dürfte das dann wohl auch an
mir liegen. Übrigens hält sich der Seniorchef ausgezeichnet.
Man sagt ja, der Ehrenbürgerbrief wird ihm überreicht.
Alles klappt ja so ziemlich, wie mir scheint. Wo residieren
denn jetzt die Hauptperson? Ich möchte den Aktus nicht
versäumen.

SANITÄTSRAT STEYNITZ. Dann hätten Sie müssen früher zur
Stelle sein, wenn das Ihre Absicht gewesen ist.

KLAMROTH *wird dunkelrot.* Was? *Zu Wuttke.* Konnten Sie
mich denn nicht davon verständigen, hören Sie mal? Oder
gehört das nicht zu Ihren Aufgaben?

WUTTKE. Nein, meine Aufgabe war das nicht.

KLAMROTH. Ihr Lapidarstil ist manchmal recht aufreizend!

WUTTKE. Ganz ohne Absicht meinerseits.

KLAMROTH. Aber es ist nicht zu leugnen, daß er es ist. Was
haben Sie übrigens in der Mappe?

WUTTKE. Allerlei für den Herrn Jubilar.

KLAMROTH. Machen Sie sich nicht wichtig, Wuttke, ich er-
fahre nämlich auch ohne Sie alles, aber auch alles, was ich
wissen muß.

WUTTKE. Es steht mir nicht an, daran zu zweifeln.

KLAMROTH. Sie drehen den Zeiger der Uhr nicht zurück!
Klamroth schnell ab.

SANITÄTSRAT STEYNITZ. Der gute Klamroth hat mystische
Wallungen.

WUTTKE. Rutschen Sie mir den Buckel lang, Herr Direktor!

SANITÄTSRAT STEYNITZ. Ein seltsames Wort, das den Weg für
allerlei Konjekturen offenläßt.

WUTTKE. Was hat er gesagt?

SANITÄTSRAT STEYNITZ. Sie werden den Zeiger der Uhr nicht
zurückdrehen.

WUTTKE. Will ich den Zeiger der Uhr zurückdrehen?

SANITÄTSRAT STEYNITZ. Wahrscheinlich hat er uns beide ge-
meint: mich, weil ich den Seniorchef schließlich doch
wieder auf die Beine gestellt habe, Sie, weil Sie ebenfalls
dem Geheimrat verschworen und noch nicht mit fliegenden
Fahnen ins Lager Klamroth übergegangen sind.

WUTTKE. Und solange ich lebe, soll der Geheimrat das Heft
nicht aus der Hand geben!
*Egmont Clausen ist mit lebhaften Bewegungen eingetreten,
legt die Hände gleichzeitig über die rechte Schulter des
Sanitätsrats und über die linke Wuttkes und steckt von rückwärts zwischen beider Köpfe seinen Kopf.*

EGMONT. So, das bedeutet zwei Fliegen mit einer Klappe!
Wissen Sie, warum ich das sage, meine Herren?

SANITÄTSRAT STEYNITZ. Nein, wenn Sie uns nicht totschlagen
wollen, Sie Klappe.

WUTTKE. Ich weiß es ebensowenig, Klappe!

EGMONT. Soll ich von vorn sprechen, meine Herren, oder
meinen Sie, daß ich von rückwärts mehr Erfolg hätte?

WUTTKE. Je nachdem Sie Duell oder Meuchelmord vorziehen.

SANITÄTSRAT STEYNITZ. Taschendiebe kommen von hinten
am besten zum Ziel.
*Egmont geht nach vorn, packt aber sogleich beide Herren
beim Arm.*

EGMONT. Auge um Auge, Zahn um Zahn! Nur ein Anliegen,
meine Herren: Sie sollen mir nur mal das Geburtstags-
gedicht abhören, das ich Papa aufsagen möchte.

SANITÄTSRAT STEYNITZ. Also bitte, legen Sie los!

EGMONT, *bedeutsam, nah und eindringlich, aber einigermaßen wie ein Geheimnis.*

> Habe nun, ach, Philosophie,
> Juristerei und Medizin
> und leider auch Theologie
> durchaus studiert mit heißem Bemühn.
> Da steh' ich nun, ich armer Tor ———
> und habe Schulden wie ein Major!

Beide Herren brechen unwillkürlich in ein Gelächter aus.

SANITÄTSRAT STEYNITZ. Sagen Sie das Ihrem Alten Herrn lieber nicht auf, lieber Egert! Diese bittere Pille, noch dazu in eine Goethe-Beleidigung eingewickelt, vertrüge er nicht.

EGMONT. Deshalb brauche ich Protektion: Sanitätsrat, sanieren Sie mich! Legen Sie ein Wort für mich ein bei diesem allmächtigen Mann mit der Aktenmappe!

WUTTKE. Ich werde, wie immer, sehn, was sich machen läßt. Sie hatten mir übrigens fest versprochen, mit dem Automobiltausch bis nächstes Frühjahr zu warten. Erinnern Sie sich?

EGMONT. Das hab' ich, das hab' ich, sicherlich. Auch wäre ich Ihnen im Wort geblieben, wenn nicht diese Gelegenheit — Gelegenheit ist Gelegenheit! — mir den Strich durch die Rechnung gemacht hätte. Und dann hat Papa neulich selbst gesagt, ich sollte mal Spanien kennenlernen: mit dem alten Klapperkasten, den ich bisher gefahren habe, geht das nicht. — Also, Doktor, wann kann ich auf Antwort rechnen?

WUTTKE. In einigen Tagen, heute natürlich nicht. Kein Tröpflein Wermut darf heute in seinen Wein fallen.

Es treten ein: Geheimrat Matthias Clausen, der Oberbürgermeister, der Stadtverordnetenvorsteher mit der Kette, einige Stadtverordnete und Stadträte, Professor Geiger, Professor Wolfgang Clausen, Erich Klamroth, Bettina, die sich an den Vater schmiegt, Paula Clothilde Clausen, Ottilie Klamroth und Justizrat Hanefeldt.

EGMONT *tritt mit schneller Wendung vor den Vater.* Gratuliere, Papa, zum Ehrenbürger!

Er küßt den Vater ungeniert auf die Stirn.

GEHEIMRAT CLAUSEN. Ja, lieber Egert, diese Herren haben mir wirklich die höchste Auszeichnung überbracht, die unser städtisches Gemeinwesen zu verleihen hat. Das Bewußtsein meiner geringen Verdienste sträubt sich noch immer gegen die Tatsache. Wäre ich jünger, Magnifizenz und verehrte Herren, so könnte ich hoffen, mich Ihrer unbegründet hohen Meinung langsam mehr und mehr würdig zu machen. Leider hämmert mir dieser festliche Tag zugleich die Erkenntnis ein, wie alt ich bin. Die schwindende Kraft, die schwindende Zeit legen mir andere Dinge nahe, als eine jugendliche drängende Kraft und eine werdende, chaotisch peinliche Zeit zu fordern haben — man wird da ganz anderer Steuermänner bedürfen —

OBERBÜRGERMEISTER. Sie sind ein Jüngling geblieben, Herr Geheimrat!

GEHEIMRAT CLAUSEN. Dieses Kompliment gebe ich an meinen Freund Geiger weiter, Herr Oberbürgermeister! Er ist extra zu meinem Geburtstag aus Cambridge herübergekommen.

PROFESSOR GEIGER, *jovial*. Tui tui tui — wir wollen auf Holz klopfen!

OBERBÜRGERMEISTER, *sich umsehend*. Man würde nicht glauben, hier im Zimmer eines Geschäftsmannes zu sein, viel eher im Zimmer eines Gelehrten.

GEHEIMRAT CLAUSEN. Ich habe allerlei Schwächen, die man einem Geschäftsmann für gewöhnlich nicht zubilligt: Autographen, Erstdrucke und so fort. Ich besitze zum Beispiel eine Fust-Bibel und von Lessings eigener Hand das Manuskript des »Laokoon«. — Ich denke, Sie kennen meine Kinder. *Mit Bezug auf Wolfgang.* Er hat es weiter gebracht als ich, der Junge ist heute bereits Professor.

PAULA CLOTHILDE, *halblaut zu Hanefeldt*. »Der Junge« ist wirklich gut. Oder meinen Sie nicht?!

GEHEIMRAT CLAUSEN. Das ist Egmont, kurzweg Egert geheißen, der mit seinen zwanzig Jahren den vollen Ernst des Lebens noch nicht recht begriffen hat. Trotzdem ist mir einstweilen nicht bange um ihn — es kommt die Stunde, wo jedem von uns die Augen aufgehen.

OBERBÜRGERMEISTER. Unser Stadtbild wäre nicht vollständig ohne Ihren Sohn. Man sieht ihn gern in seinem Mercedes vorbeiflitzen.

EIN STADTVERORDNETER. Und zwar unter allgemeinem Hälseverrenken der Damenwelt.

EGMONT. Ich habe schon auch meine dunklen Stunden. Aber ich kann das Grau in Grau unserer Nachkriegsepoche auf die Dauer nicht aushalten, und da fass' ich eben jeden Zipfel des lebendigsten Lebens, wo er irgend zu packen ist.

EIN STADTVERORDNETER. »Freude, schöner Götterfunken...«

PROFESSOR GEIGER. O freilich — »Tochter aus Elysium ...«

OBERBÜRGERMEISTER. Ohne die Tochter aus Elysium geht's bei den jungen Herren natürlich nicht.

Gemäßigte Belustigung aller.

GEHEIMRAT CLAUSEN. Vielleicht ist es falsch, wenn wir das psychologische Moment in der öffentlichen Diskussion so ganz vernachlässigen. Früher sprachen die Soziologen von Glückseligkeit. Heute redet man nur von Fertigfabrikaten, Halbfabrikaten und Rohstoffen ... Diese hier ist meine Tochter Bettina.

EIN STADTVERORDNETER. In den Kreisen der Wohlfahrtspflege rühmlich bekannt.

GEHEIMRAT CLAUSEN. Sie hat ein gutes Herz, meine Bettine, das auch mir über manche Krise hinweggeholfen hat. — Hier hätten wir dann meine Tochter Ottilie. Sie hat ihrer Mutter und mir in den ersten Jahren ihres Lebens viel Sorge gemacht, in den späteren um so mehr Freude. Und das ist ihr Mann, mein Herr Schwiegersohn. — Ich brauche Ihnen Herrn Klamroth nicht vorzustellen.

KLAMROTH, *mit leicht gereizter Freundlichkeit.* Als den Mann seiner Frau jedenfalls wohl nicht. *Ottilie faßt Klamroth erschrocken unwillkürlich am Handgelenk.* Wieso? Ich sage die Wahrheit, Ottilie.

GEHEIMRAT CLAUSEN. Das tun Sie ja stets.

OBERBÜRGERMEISTER. Der herzerquickende Freimut des Herrn Direktors Klamroth ist stadtbekannt.

EIN STADTRAT. Sie haben nur einen Fehler, Herr Klamroth: daß Sie trotz unserer Bitten sich immer noch hartnäckig im Magistrat vermissen lassen.

KLAMROTH. Geduld, Herr Stadtrat, kommt Zeit, kommt Rat.

OBERBÜRGERMEISTER. Da haben Sie ja ein wundervolles Bild hängen, Herr Geheimrat.

GEHEIMRAT CLAUSEN. Sie waren noch nicht in diesem Zimmer? Meine verstorbene Frau als Mädchen, von Fritz August Kaulbach gemalt.

PROFESSOR GEIGER. Sie war wohl die schönste junge Dame, die mir zeit meines Lebens zu Gesicht gekommen ist.

BETTINA. Sehen die Herren hier rechts auf dem langen schwedischen Handschuh den Schmetterling? Der Maler hat zu Mama gesagt, das sei er, der sie in dieser Gestalt ewig durchs Leben begleiten wolle.

GEHEIMRAT CLAUSEN. Stürzen wir uns in das Festgewühl, wenn es beliebt! Steigen wir in den Garten hinunter!

OBERBÜRGERMEISTER *auf dem Balkon, in den Garten hinunterblickend*. Ein Wunder ist dieser Garten inmitten der Stadt. Man ist auf dem Lande, man hört keine Automobilhupe. Jedesmal fällt es mir wieder auf.

WUTTKE *tritt auf den Geheimrat zu*. Herr Geheimrat, ich störe Sie nur einen kurzen Augenblick.

GEHEIMRAT CLAUSEN. Was haben Sie denn?

WUTTKE, *mit flehenden Augen*. Eine Unterschrift.

GEHEIMRAT CLAUSEN. Ein wahres Kreuz, dieser Doktor Wuttke! *Er gibt seine Unterschrift und entfernt sich mit der ganzen Gesellschaft, um in den Garten zu gehen.*

Dr. Wuttke und Sanitätsrat Steynitz sind zurückgeblieben.

WUTTKE *hat Unterschrift in Mappe geborgen*. Leben Sie wohl, ich will mich zurückziehen. — Was halten Sie eigentlich in der Hand?

SANITÄTSRAT STEYNITZ *betrachtet ein mikroskopisches Präparat*. Was ich hier halte, ist eine Blutprobe.

WUTTKE. Hoffentlich doch nicht positiver Wassermann.

SANITÄTSRAT STEYNITZ. Schlichte Chlorosis, einfache Sache.

WUTTKE. Bleichsucht also. Wer ist denn der Glückliche?

SANITÄTSRAT STEYNITZ. Es ist kein Er, es ist eine Sie. Es ist Inken Peters, gebürtig aus Husum oder Itzehoe, die unser alter Herr so ins Herz geschlossen hat.

WUTTKE. Nanu? Und da nimmt er gleich die Blutprobe?

SANITÄTSRAT STEYNITZ. Das ist mehr so meine eigne Idee, da er sie meiner Obhut überantwortet hat.

WUTTKE. Was halten Sie eigentlich von der Geschichte?

SANITÄTSRAT STEYNITZ. Eine kleine Ablenkung, weiter nichts, die man dem wiedergenesenen Manne doch wohl zu gönnen hat.

WUTTKE. Aber doch schon für diesen und jenen besorgniserregend.

SANITÄTSRAT STEYNITZ. Wieso? Weil der Geheimrat manchmal in Broich zu finden ist und den Kindern — sie hält einen
Kindergarten, oder eigentlich mehr die Mutter hält einen
Kindergarten — Schokolade bringt? Was werden die Schnüff-
ler nicht noch alles ausschnüffeln!

WUTTKE. Bin weit entfernt. Ich jedenfalls nicht! Ich wüßte
nicht, was mir gründlicher Wurst wäre.
Er winkt und geht schnell ab.
Der Sanitätsrat tritt an die Balustrade des Balkons und
schaut in den Garten hinunter. Ohne daß sie ihn bemerkt,
tritt Inken Peters, gefolgt von ihrer Mutter, ein.

INKEN *stutzt, sieht sich um.* Sag mal, Mutter, wo ist man hier?

FRAU PETERS. Eil doch nicht so, man kann ja kaum nach-
kommen!

INKEN. Es scheint doch, sie gehen alle, Mutter.

FRAU PETERS. Du tust ja gerade, als ob du gehetzt würdest.
Und überhaupt ist es ein bißchen merkwürdig: der Geheimrat tritt mit großem Gefolge in den Garten ein, und du
läufst im gleichen Moment davon.

INKEN. Es sind genug junge Damen da, die Hofknickse
machen. Was habe ich von dem Geheimrat, wenn er von
einem Wall umgeben ist?!

FRAU PETERS. Es war unsere Pflicht, ihm zu gratulieren. So
mir nichts, dir nichts davonzurennen, ist eine Ungezogen-
heit. Von Fräulein Bettina hättest du dich zum allerminde-
sten müssen verabschieden, da sie doch so lange und herzlich mit dir gesprochen hat.

INKEN. Ich hatte nichts anderes zu tun, als kopfüber wie in
einem Examen zu antworten. Ich bekam auch Zensuren,
ich wurde gelobt, weil ich ein so resolutes und tüchtiges
Mädchen wäre: Stenotypistin, Näherin, Kindergärtnerin;
jeder neue Beruf brachte mir neue Ehren. Wohl aber wurde
mir trotzdem nicht.

FRAU PETERS. Inken, du hast wieder deine Zustände.

INKEN. Und wie dieser Herr Direktor Klamroth mit einem
zu tanzen geruht, ist widerlich. Und was er einem alles ins
Ohr flüstert, indes seine ahnungslose Frau ihn anhimmelt!
Egert Clausen ist der einzige, mit dem man anständig
tanzen und sprechen kann. — Sage mir nur, wo der Ausgang
ist — es wird mir erst wieder wohl auf der Straße!

*Inken, im Begriff, durch irgendeine Tür zu flüchten, stößt
auf Frau Paula Clothilde Clausen in Begleitung von Justizrat
Hanefeldt, die eben eintreten.*

JUSTIZRAT HANEFELDT. Wohin denn so eilig, schönes Kind?

INKEN. Oh, Herr Justizrat Hanefeldt! Ich wußte ja gar nicht,
daß Sie auch bei dem Feste sind.

JUSTIZRAT HANEFELDT. Die ganze Stadt ist ja bei dem Feste.
Meine Beziehungen zur Familie Clausen sind außerdem alt
und vielfältig. Zum Beispiel in diesem Zimmer — das
wissen auch vielleicht Sie nicht, gnädige Frau — haben wir
beide, Ihr Gatte Wolfgang und ich, als Kinder bereits miteinander gespielt. *Zu Inken.* Haben Sie sich denn gut unter-
halten?

PAULA CLOTHILDE, *mit Blick durchs Lorgnon.* Sicherlich doch?!
— Flotte Tänzerin, was?! Habe Sie mit Interesse beobachtet.

INKEN. Ich tanze nur so für den Hausbedarf.

JUSTIZRAT HANEFELDT. Sie wissen, vor wem Sie stehen,
Inken? Frau Professor Doktor Wolfgang Clausen, die Frau
Schwiegertochter des Herrn Geheimen Rats, deren Tante
einmal die Herrschaft Broich, in der Sie jetzt Unterschlupf
gefunden haben und die ich verwalte, besessen hat.

PAULA CLOTHILDE. Mein Vater war allzusehr General. Es sind
von ihm, besonders im Alter, unverzeihliche Fehler gemacht worden, sonst müßten wir heut noch Eigentümer
der Herrschaft sein. Auf alte Herren muß man achtgeben!

JUSTIZRAT HANEFELDT, *zu Paula Clothilde.* Ich darf Ihnen
diese Kleine vorstellen: Inken Peters, die ein ordentliches
und fleißiges Mädchen ist! Greift alles mutig an, was ihr
vor die Finger kommt. Und hier ihre ehrenwerte Frau
Mutter.

PAULA CLOTHILDE. Es heißt eben: friß, Vogel, oder stirb!
Wer heut wählerisch sein will, geht vor die Hunde.

JUSTIZRAT HANEFELDT. Sagt man zuviel von dieser Familie?
Waren die Herrschaften Clausen nicht wieder von einer
ganz allgemein empfundenen Herzlichkeit und Leutselig-
keit?

FRAU PETERS. Über alles Lob, Herr Administrator.

JUSTIZRAT HANEFELDT. Und haben Sie sich denn amüsiert?

FRAU PETERS. Ein herrliches Fest! Jahrelang wird man davon
zehren.

PAULA CLOTHILDE, *zu Frau Peters.* Wo arbeitet Ihre Tochter jetzt?

INKEN. Mutter, ich will dir die Antwort abnehmen. Wenn die Dame es wissen will — eine Stellung bekleide ich augenblicklich nicht. Aber dank der Unterstützung des Herrn Administrators Hanefeldt halten wir einen Kindergarten — mein guter Onkel ist Gärtner in Broich — in einem der großen leeren Glashäuser.

PAULA CLOTHILDE. Sie sind also auch Kindergärtnerin?

INKEN. Ich mache pro forma mein Examen.

PAULA CLOTHILDE. Wieviel bringt das etwa ein, monatlich?

INKEN, *lachend, leicht amüsiert und gereizt.* Sechzehn Dummköpfe, pro Dummkopf zwei Mark die Woche.

JUSTIZRAT HANEFELDT. Sie sind heute recht ungeduldig, Kind.

INKEN. Ich möchte mich, wenn es erlaubt ist, verabschieden. *Sie will, nach einer leichten Kopfsenkung, davon. In der Tür aber steht plötzlich Egert Clausen und vertritt ihr den Weg.*

EGMONT. Auf keinen Fall, bevor Sie nicht noch diesen Tango mit mir getanzt haben.

INKEN, *lacht auf.* Geh voraus, Mutter! Man ist eben eine Gefangene. Am Hauptportal, bitte, warte auf mich! *Inken mit Egmont ab.*

JUSTIZRAT HANEFELDT. Wie gefällt sie Ihnen?

PAULA CLOTHILDE. Das wär am Ende auch gleichgültig. Aber nein! Sie gefällt mir nicht.

JUSTIZRAT HANEFELDT. Und, Paula, was hätten Sie auszusetzen?

PAULA CLOTHILDE. Zum mindesten, daß sie unweiblich ist.

JUSTIZRAT HANEFELDT. So? Sie finden die Kleine unweiblich? Und doch kann sie sich weich und weiblich geben wie wenige.

PAULA CLOTHILDE. Haben Sie diese Erfahrung gemacht?

JUSTIZRAT HANEFELDT. Ja, aber gewiß nicht so, wie Sie meinen. Denn in puncto puncti ist ihr Verhalten musterhaft. Irgendwie war sie heut etwas gereizt. Sonst hat man, sooft man sie in ihrer Umgebung sieht, jedesmal den Eindruck zwar eines erquickenden Freimuts, aber auch der größten Liebenswürdigkeit.

PAULA CLOTHILDE. Und doch hat sie es faustdick hinter den Ohren.

JUSTIZRAT HANEFELDT. Sie wollen vielleicht damit nur sagen, daß sie kein Dümmchen ist, und damit, Paula, würden Sie recht haben. Übrigens weiß das arme Ding nicht, welches Verhängnis ihre Familie vor Jahren betroffen hat: ihr Vater hat sich das Leben genommen, und zwar wegen eines Verdachtes, der auf ihm lastete, während der Untersuchungshaft.

SANITÄTSRAT STEYNITZ, *der unbemerkt geblieben war*. Ein armer Narr, da sich seine Unschuld später mit neunzig Prozent Wahrscheinlichkeit erwiesen hat.

JUSTIZRAT HANEFELDT, *leicht überrascht*. Ach, Sie sind hier?

SANITÄTSRAT STEYNITZ. Ich mache hier Studien.

PAULA CLOTHILDE, *entsetzt*. Das Leben genommen? In Untersuchungshaft? Das wäre ja eine gräßliche Sache! Meinen Sie, daß mein Schwiegervater davon Kenntnis hat? Sonst müßte man ihn denn doch wohl ins Bild setzen.

SANITÄTSRAT STEYNITZ. Sehr wichtig scheint mir das eigentlich nicht.

Geheimrat Clausen mit Bettina, wie vorher, Professor Geiger, Professor Wolfgang Clausen, Egmont Clausen, Klamroth mit seiner Frau Ottilie geb. Clausen. Wolfgang hat seinen achtjährigen Sohn an der Hand, Ottilie einen anderthalbjährigen Sohn auf dem Arm und ebenfalls an der Hand ein vierjähriges Töchterchen. Im Hintergrund der alte Diener Winter.

GEHEIMRAT CLAUSEN. Ich danke euch allen, danke euch allen, liebe Freunde, liebe Kinder und Kindeskinder, für diese sehr gelungene Geburtstagsfestlichkeit.

BETTINA, *bewegt, laut genug, daß alle sie hören, aber nur für den Vater bestimmt*. Ich bin gewiß, daß Mutter von oben auf uns herniedersieht.

OTTILIE, *dicht am Papa*. Lenchen, gib Opapa einen Patsch und sprich vernehmlich: Ich gratuliere.

GEHEIMRAT CLAUSEN. Ich nehme es für genossen, Ottilie.

DIE VIERJÄHRIGE, *tritt zu Geiger*. Ich gratuliere dir zum Geburtstag, lieber Großvater.

PROFESSOR GEIGER. Was Tausend! das wußt' ich ja gar nicht: ich bin dein Großvater? *Er lacht herzlich.* Ich bin ja überhaupt noch nicht Großvater. Wie kommst du darauf? Man behauptet doch allgemein, daß ich noch wie ein Jüngling aussähe.

OTTILIE. Lenchen, du kennst den Großvater nicht?

GEHEIMRAT CLAUSEN. Sie versteht es nicht besser, lieber Geiger.

GEIGER. Die Kleine beschämt mich, weiter nichts. Deine
herrliche Patriarchenrolle zu spielen, geziemt mir nicht.

JUSTIZRAT HANEFELDT. Wie steht in der Bibel? Ich will dich
zum großen Volke machen.

PAULA CLOTHILDE, *boshaft, dem Justizrat ins Ohr.* Nun sagen
Sie bloß noch: ich will deinen Namen mehren wie Sand am
Meere...

GEHEIMRAT CLAUSEN. Also nochmals Dank, Dank, Dank! Wir
sehen uns alle zum Abendbrot.

BETTINA. Verzeih, Papa, heut abend ist das Bankett im Stadt-
hause.

GEHEIMRAT CLAUSEN. Richtig! Nun also, wir treffen uns irgendwo.

BETTINA. Ich bringe dir jetzt deine Limonade.

GEHEIMRAT CLAUSEN. Nein, beste Bettine, heut nicht Limonade. Winter, machen Sie uns einen recht netten, behaglichen Tisch zurecht, stellen Sie eine oder zwei Flaschen
Pommery darauf, und dann wollen wir plaudern, lieber
Geiger, und zwar von der guten alten Zeit. Auf Wiedersehen, auf Wiedersehen, ihr guten Kinder!

*Die ganze Gesellschaft entfernt sich wohl oder übel. Außer
Geheimrat Clausen und Professor Geiger ist nur Bettina zurückgeblieben. Winter, in Ausführung des Befehls, geht ab
und zu.*

BETTINA, *etwas betreten.* Ich wollte nur fragen — störe ich?

GEHEIMRAT CLAUSEN. Du weißt ja, niemals störst du, Bettine.
Aber ich fürchte, du würdest nicht recht auf die Kosten
kommen bei dem, was uns beiden alten Kommilitonen Ge-
wohnheit ist. Unsere Gespräche werden dich langweilen.

BETTINA. Aber nein, Papa, das fürchte ich nicht.

GEHEIMRAT CLAUSEN. Nun, du kannst uns getrost ein halbes
Stündchen allein lassen. Es ruht immerhin aus, wenn man
einmal auf bequeme Art über dies und das und noch etwas
unter vier Augen plauschen kann.

BETTINA. Wäre sonst irgend etwas für dich zu tun, Vater?

GEHEIMRAT CLAUSEN. Absolut gar nichts im Augenblick.

BETTINA *geht.* Wenn du mich brauchst, ich bin im Musik-
zimmer. *Ab.*

*Es ist still geworden im Hause. Man spürt, das Gartenfest ist
zu Ende. Die Jazzmusik schweigt.*

*Einige der davoneilenden Gäste haben das Zimmer gekreuzt,
darunter ein Musikus mit seinem Instrument.*

Winter serviert den Sekt.

GEHEIMRAT CLAUSEN. Winter, verschließen Sie alle Türen,
und machen Sie vor der einen, die offen bleiben kann, den
Zerberus!

WINTER. Es sind nur noch einige Musikanten im Hause.

GEHEIMRAT CLAUSEN, *lächelnd.* Einige gute und einige
schlechte.

PROFESSOR GEIGER. Solche Feste sind meist mehr für die andern da als für den Jubilar. — Du hast deine Bücherei sehr
vermehrt, Matthias.

GEHEIMRAT CLAUSEN. Oben im zweiten Stock liegt die Haupt-
masse. Ich halte sogar einen Bibliothekar. Er ist nach Arth-
Goldau zu seiner Mutter gereist, er ist Schweizer.

PROFESSOR GEIGER *betrachtet eine große Photographie.* Das
Reiterstandbild des Marc Aurel.

GEHEIMRAT CLAUSEN. Das schönste und bedeutendste Reiterstandbild der Welt, zu Rom auf dem Kapitol. On revient
toujours à ses premiers amours... Nehmen wir also Platz,
lieber Geiger!

PROFESSOR GEIGER. Der Bürgermeister hat wirklich recht,
man würde auf einen Gelehrten schließen, wenn man nicht
wüßte, daß hier der Gründer und Leiter eines großen Ge-
schäftsbetriebes zu Hause ist.

GEHEIMRAT CLAUSEN. Es hat Männer gegeben, die beides ver-
einigt haben. Schliemann und Grote waren zugleich große
Kaufleute. — Ich habe leider nichts aufzuweisen.

PROFESSOR GEIGER. O bitte, Matthias, das sage nicht! Deine
verstreuten Aufsätze würden mehrere Bände ausmachen.
— Was ist das übrigens für ein wunderbares Schachbrett,
Matthias?

GEHEIMRAT CLAUSEN. Ich bin beschämt, und es hätte mir unter anderen Verhältnissen wirklich große Freude gemacht:
es ist ein Geschenk meiner Redakteure.

PROFESSOR GEIGER, *mit Bezug auf das Schachbrett und die auf-
gestellten Schachfiguren auf einem kleinen Tischchen.* Ein
wunderbares antikes Stück. Wahrscheinlich persisch, meinst

du nicht? Die Felder Perlmutt und Lapislazuli, Silber und Gold, wahre Kunstwerke, diese Figuren!

GEHEIMRAT CLAUSEN. Man findet ein gleiches Stück wahrscheinlich in ganz Europa nicht. Meine Herren wissen, daß ich zuweilen eine Partie spiele. *Winter hat den Sekt serviert, und die Herren nehmen dabei Platz. Winter füllt die Gläser. Der Geheimrat erhebt sein Glas.* Ich danke dir, daß du gekommen bist.

PROFESSOR GEIGER. Oh, nichts zu danken, es paßte sehr gut. Ich komme immer gern in mein altes Mutterland, außerdem ist ja der Anlaß ein glücklicher. *Winter gibt Geiger Feuer. Er raucht und fährt fort.* Du hast dir das schöne Laster immer noch nicht angewöhnt.

GEHEIMRAT CLAUSEN. Dafür bin ich mit anderen reich gesegnet.

Beide Herren bleiben eine Weile stumm.

PROFESSOR GEIGER. Du hast eine Perle von einer Tochter.

GEHEIMRAT CLAUSEN. Dein Wort in Ehren: es gleicht dem Stempel, den man auf die Wahrheit drückt.

PROFESSOR GEIGER. Deine Bettine liebt dich abgöttisch.

GEHEIMRAT CLAUSEN. Auch das ist auf eine Weise wahr, die mir manchmal bange macht.

PROFESSOR GEIGER. Töchter schwärmen nun einmal meistens für ihre Väter. Ich lasse mich auch von meiner Tochter, sooft es ihr Spaß macht, Wotan oder Zeus nennen.

GEHEIMRAT CLAUSEN. Es liegen aber Gefahren in solchen Verzückungen, die der Psychoanalytiker kennt und die beiden Teilen recht unbequem werden können. Übrigens bin ich Bettine wirklich zu Dank verpflichtet, sie ist ein liebes und braves Kind. — Apropos: erzählt deine Tochter dir manchmal Träume?

PROFESSOR GEIGER. Nein, dazu ist Alice zu praktisch gerichtet. Höchstens spricht sie von Boating, Gymnastik und Unterricht.

GEHEIMRAT CLAUSEN. Meine Tochter erzählt mir Träume. zwar sind es Träume, in die ich meist als eine Art höheren Wesens verwoben bin, manchmal mit meiner verstorbenen Frau im Bunde.

PROFESSOR GEIGER. Nun ja, Bettina ist religiös. Der Tod der Mutter ist ihr sehr nahegegangen.

GEHEIMRAT CLAUSEN. Und sie sagt: unsere Ehe sei keinen Augenblick unterbrochen, so daß wir, meine verstorbene Frau und ich, nach ihrer Ansicht noch heut unlöslich verbunden wären.

PROFESSOR GEIGER. Damit hat sie doch wohl, wie ich denke, deinen Trennungsschmerz zu mildern versucht.

GEHEIMRAT CLAUSEN. Ich nahm das auch an in der ersten Zeit und fand darin eine Art von Linderung — nicht weil ich Bettinens Ansicht war, sondern weil ihre kindliche Ausflucht mir Rührung abnötigte. Dann aber nahm ihr Glaube an diese Verbindung zwischen meiner verstorbenen Frau und mir Formen an, von denen sich mein gesundes Empfinden abwendete. Okkultistische Neigungen habe ich nicht, und so habe ich Bettine zwar, um sie nicht zu verletzen, laufen lassen, wenn sie von gewissen Rapporten mit dem Jenseits sprach, aber es wurde mir mehr und mehr peinlich.

PROFESSOR GEIGER. Nun ja, das Seelenleben alternder Mädchen, die körperlich etwas zu kurz gekommen sind, treibt mitunter seltsame Blüten — darüber kann man als Vater hinwegsehen. —

GEHEIMRAT CLAUSEN. Geiger, du bist die Stimme unserer gesunden Jugend, die so lange in mir geschwiegen hat. Sie klingt in mir, und ich höre sie wieder! Darum ist es wie das Walten einer Vorsehung, daß du überhaupt gekommen bist. Laß uns auf unsere Jugend anstoßen!

PROFESSOR GEIGER. Oh, warum nicht?! Wenn man auch heut nach einem schwarzen Haar auf meinem Kopfe ebenso vergeblich suchen wird wie in jungen Tagen nach einem weißen. *Sie stoßen an und trinken.*

GEHEIMRAT CLAUSEN. Ich denke, ich bin es dir schuldig, dir etwas von der Krise zu erzählen, die mich, nachdem wir meine Frau begraben hatten, in dem leeren Hause und, sagen wir, in der leeren Welt ergriffen hatte.

PROFESSOR GEIGER. Man sagt, es sei dir nicht gut ergangen.

GEHEIMRAT CLAUSEN. Und damit hat man wohl recht gehabt. Der Verlust meiner Frau hatte mich in einer immerhin sonderbaren Verfassung zurückgelassen. Das Tor des Todes, durch das sie davongegangen war, wollte sich scheinbar nicht mehr schließen. Mir war, als läge ein Sinn darin. Auf der anderen Seite — nun, sagen wir: hatte das Leben den

Sinn verloren. Da sah ich auf einmal, oder glaubte zu sehen, nichts als Fremdheit, Nutzlosigkeit und Trostlosigkeit.

Meine Umgebung tat nun natürlich das Ihre, um mich ins Dasein zurückzuziehen. Aber die lockenden Stimmen aller meiner mir im Tode vorangegangenen Freunde schwiegen nicht. Warum sollte ich ihnen nicht nachgehen?! Der Gedanke buhlte gleichsam mit mir. Es lag Entspannung, Ausruhen, ja, eine unverkennbare Wollust darin.

Und wirklich, Geiger, ich würde wahrscheinlich den Weg alles Fleisches gegangen sein, wenn ich nicht meine Kinder gehabt hätte. Ich sage das nicht aus sentimentalen Rücksichten. Die einfache Sorge um sie, ihre Existenz, ihre Wohlfahrt, hielt mich zurück. Ich wollte wenigstens noch so lange durchhalten, bis ihre Zukunft nach Menschengedenken einigermaßen geregelt und gesichert war. Und hier darf ich nun auch der Verdienste meines resoluten Hausarztes Steynitz und Doktor Wuttke nicht vergessen. Sie setzten es mit unermüdlichen Schlichen und Mitteln durch, daß ich schließlich mein Auge von der schwarzen Lockung abwandte, in die es immer wieder hineinstarren mußte, und wieder ein Mensch unter Menschen ward.

PROFESSOR GEIGER. Gott sei Dank, also hast du dich wieder herausgemausert?

GEHEIMRAT CLAUSEN. Meine Antwort muß ja und nein lauten. Ich gehöre noch immer nicht recht dazu. Manchmal sehe ich um mich her, und es ist mir, als ob mich das alles gar nichts mehr anginge. Dazu kommt — in diesem Augenblick freilich ist sie durch dich aufgehoben — eine Empfindung von Einsamkeit und Verlassenheit.

PROFESSOR GEIGER. Einsamkeit? Kurioser Gedanke, wenn man dich eben inmitten eines solchen Festgewimmels gesehen hat.

GEHEIMRAT CLAUSEN. Du, lieber Geiger, nicht das Festgewimmel hebt sie auf, diese Einsamkeit: das dringt zu mir wie durch wattierte Türen. Dagegen freilich: ein treuer Freund ist die Arznei des Lebens, wie der unendlich weise Jesus Sirach sagt. Aber immerhin, ich bin auch sonst erheblich gebessert, trotz der mitunter recht tückischen Rückfälle. Dann steigt er mir auf, der Überdruß, ich sehe nur noch makabres Gelichter, drehkrank, unbarmherzig und endlos von einer Maschine herumgewirbelt, und dann zuckt mir die Hand wiederum nach der bewußten Klinke, die jeder leicht herabdrücken kann, um schweigend den Tanztee zu verlassen...

Genug der psychologischen Metaphysik: wir wollen nun etwas ins Praktische eintreten. — Wie gefällt dir also mein Schwiegersohn?

PROFESSOR GEIGER. Business-man vom Kopf bis zur Sohle.

GEHEIMRAT CLAUSEN. So, das ist also der Business-man?! Früher sagte man der »Reisende«. Mir gefällt er nicht. Aber ich gebe zu, er ist für den Fortgang von Handel und Wandel notwendig.

PROFESSOR GEIGER. Du stimmst nicht mit deinem Schwiegersohn?

GEHEIMRAT CLAUSEN. Oh, wir stehen sehr gut miteinander. Nur muß ich sehen, hell und grell sehen, wie mein ganzes schönes geistiges Lebenswerk unter seinen unentrinnbaren Händen garstiger Ungeist wird.

PROFESSOR GEIGER. In der Tat, die neuere Zeit sieht mehr und mehr ihren einzigen Zweck im Profitmachen.

GEHEIMRAT CLAUSEN. Und nun füge folgerichtig hinzu: du siehst in der Akquisition eines solchen Schwiegersohnes, nach dem die Stadtväter schon ihren Köder auswerfen, einen Glücksfall für die Meinen und mich.

PROFESSOR GEIGER. Gewissermaßen! — Ich leugne das nicht.

GEHEIMRAT CLAUSEN. Weißt du noch mehr, was zu seinen Gunsten spricht?

PROFESSOR GEIGER. Es wäre die Frage, ob Ottilie in ihrer Ehe zufrieden ist.

GEHEIMRAT CLAUSEN. Erstaunlicherweise ist sie zufrieden. Diese empfindsame kleine Ottilie, die sich verfärbte bei einem zu lauten Wort, unser zerbrechliches Marzipanpüppchen, dem man jedes rauhere Lüftchen fernhalten mußte — heut vergöttert sie diesen plumpen Kerl, an dem sie doch jeder Schritt, jedes Wort täglich und stündlich verletzen müßte. Und schließlich betrügt er sie obendrein.

PROFESSOR GEIGER. Da ist nichts zu machen, das müssen wir dulden, wenn sich unsere Töchter der männlichen Brutalität ausliefern.

GEHEIMRAT CLAUSEN. Daß man eine Tochter verliert, mag

hingehen. Aber es geht mir auf andere Weise wunderlich mit dem Schwiegersohn: ich brauche nur flüchtig an ihn zu denken — und ich sehe sofort den Lauf einer Waffe auf mich gerichtet!

PROFESSOR GEIGER. Lieber Matthias, du gefällst mir noch nicht... Jeder Mensch muß, das gebe ich zu, den Platz, den er einnimmt, täglich und stündlich verteidigen. Unbedingt aber ist es falsch, wenn du, Allverehrter und Allgeliebter, aus dem Kreise der Deinen eine Waffe auf dich gerichtet siehst. Ich meine, du kannst diese Wendung zurücknehmen.

GEHEIMRAT CLAUSEN. Nein, ich nehme sie nicht zurück. Doch reden wir lieber von etwas anderem! *Er legt die Hand auf das Schachbrett, das in der Nähe steht.* Sieh dir mal, bitte, das Schachbrett an, das mir meine Herren geschenkt haben! Ein elektrischer Schlag gleichsam, als ich es sah! Ich war wirklich betroffen, kaum konnte ich den Überbringern schön Dank sagen. Ich glaubte, es stecke Absicht dahinter: ein besseres Symbol meines Wirkens gibt es nicht.

Ein Leben lang habe ich Schach gespielt, vom frühen Morgen bis vor dem Einschlafen, Schach gespielt in die Träume hinein. Diese Elefanten, Pferdchen und Bauern sind Kunstwerke — aber das ist bedeutungslos. Figuren und Schachbrett hat man ja schließlich nur im Kopf. Die schwersten Partien, immer womöglich ein halbes Dutzend zugleich, kann man ja überhaupt nur im Kopf spielen — und ihre Figuren sind lebendigen Wesen, lebendigen Menschen substituiert.

PROFESSOR GEIGER. Das wird man dir ohne weiteres glauben, Matthias.

GEHEIMRAT CLAUSEN. Gut. Aber nun nähert man sich allmählich der Schlußpartie, wo der Gegenspieler noch nicht gerade der Tod, aber auch nicht mehr das von gesunden Säften strotzende Leben ist. Da werden Figuren zu Dämonen. Und augenblicklich spiele ich eine, die mich Tag und Nacht wie in einem Schraubstock hält und mich mit ihren Problemen martert.

PROFESSOR GEIGER. Wie meistens, wirst du als Sieger daraus hervorgehen.

GEHEIMRAT CLAUSEN. Etwas ist aber bei dieser Partie, das mir Grauen verursacht: die Schwarzen rücken mit lauter bekannten Gesichtern unerbittlich gegen mich an, sie sperren mir mehr und mehr die Ausflüchte und setzen mich unbarmherzig matt, wenn meine Augenlider nicht immer sperrangelweit offen sind. Tausendmal muß ich, selbst in dem Alptraum jeder Nacht, überhaupt aus dem Schachbrett herausspringen.

PROFESSOR GEIGER. Wirf sie doch einfach um, wenn sie dich quält, diese Schachpartie! Dieses Gespenst von einer Schachpartie brauchst du doch nicht zu Ende zu spielen.

GEHEIMRAT CLAUSEN, *verändert, entschlossen, erhebt sich.* So ist es, Geiger, ich werde sie umwerfen! Und damit wäre mit meinem ganzen bisherigen Leben tabula rasa gemacht.

PROFESSOR GEIGER. Tabula rasa mit deinem Leben, das eins der erfolgreichsten in der Welt gewesen ist?

GEHEIMRAT CLAUSEN. Ja, du sagst es, es ist gewesen! Willst du mir glauben, daß alles, alles, was soeben geschah, und ebenso alles, was mich umgibt, Kinder, Bilder, Teppiche, Tische, Stühle, ja meine ganze Vergangenheit, mir so viel wie der Inhalt einer Rumpelkammer bedeutet? Dies alles ist tot, und ich will es denen überlassen, für die es lebendig ist.

PROFESSOR GEIGER. Das würde heißen, du möchtest abdanken?!

GEHEIMRAT CLAUSEN. Ich liquidiere nur die Gespensterpartie. Warum sollen die Meinen mehr und mehr an mir, wenn auch nur im Herzen, zu Mördern werden und ungeduldig auf meinen Tod warten, da mir doch an dem, dessen freien Besitz sie so heiß ersehnen, nichts mehr gelegen ist?!

PROFESSOR GEIGER. Um Gottes willen, mein lieber Mensch, hier müßtest du dich vor allem von Depressionen frei machen. Kein Vater wird mehr als du von den Kindern verehrt.

GEHEIMRAT CLAUSEN. Ich sage nicht ja, nicht nein dazu. Habe recht oder unrecht, mein Freund, ich jedenfalls bin entschlossen, das Seil zu kappen, das mich an mein altes Schiff und an seinen alten Kurs gebunden hält. Ich kann nur so oder gar nicht leben. Seltsamerweise ist es nicht ganz leicht, das zu negieren und loszuwerden, was ja tatsächlich nicht mehr ist. Man braucht dazu strenge Exerzitien. Aber ich habe schon etwas erreicht — meine Psyche spürt eine neue Beweglichkeit. Und jetzt, wo ich wieder während längerer Zeitspannen gleichsam ein Mensch ohne Schicksal bin...

PROFESSOR GEIGER, *immer schalkhaft.* Also, du hast einfach nicht gelebt? Du tust so, als wärest du eben geboren.

GEHEIMRAT CLAUSEN. So ist es. Es ist etwas Wahres daran. — *Er steht auf, wie erleichtert, atmet tief und geht im Zimmer auf und ab. Dann steht er still vor dem Bild seiner einstigen Braut und blickt es an.* Meine ewig junge, schöne Braut an der Wand: wenn es nicht nur ein Leben im Jenseits, sondern damit auch ein göttliches Verstehen gibt, so weiß ich, du wirst mein Verfahren begreifen, und auch die Vita nova, die damit begonnen hat. Ich brauche mich vor dir nicht zu verteidigen. — Wogegen mein Gedanke meiner lebenden Familie gegenüber Konterbande ist. Ich muß ihn selbst vor Bettine geheimhalten.

PROFESSOR GEIGER. Nun sollte ich eigentlich mehr erfahren! — So ist mir dein Verhalten zugleich wunderbar und rätselhaft.

GEHEIMRAT CLAUSEN. Man kann meinen Zustand nicht treffender ausdrücken. Das Wunderbare gärt in mir, und vom Rätsel bin ich umgeben!

PROFESSOR GEIGER. Eine dumme Frage, du mußt mich entschuldigen: spricht bei dieser Befreiung, dieser Besinnung, dieser Erlösung, wie du es nennst, irgendein äußerer Umstand mit, oder ist alles in deinem Seelenzustand allein beschlossen?

GEHEIMRAT CLAUSEN. Es ist nicht ganz leicht, darauf zu antworten. Äußere Umstände — mag wohl sein: wobei aber immer die inneren Umstände die ursächlichen sind. Ich könnte freilich kurzen Prozeß machen. Ich könnte Frage mit Frage beantworten. Ich könnte fragen: hast du unter dem Menschengewimmel im Garten irgendeine Erscheinung gesehen, die dir besonders aufgefallen ist?

PROFESSOR GEIGER. O freilich, natürlich: die hübsche Blondine.

GEHEIMRAT CLAUSEN *steht still vor Geiger.* Ich sage dir heute weiter nichts, aber ich nehme dich morgen aufs Land, in die Gärtnerei eines unbewohnten Schlößchens in meinem Wagen mit, und der Augenschein wird dich belehren, was es für ein Erlebnis ist.

PROFESSOR GEIGER. Oh, ich ahne: das Volksgemurmel...!

ZWEITER AKT

Spielt Ende August, etwa fünf Wochen nach dem ersten Akt.
Im Park von Schloß Broich. Das kleine Gärtnerhaus mit Ein-
gang, an ein hohes Glashaus angebaut. Eine bewachsene Laube,
Regentonne, Gartengeräte und so weiter. Das Glashaus ver-
längert sich nach rechts. Links vom Gärtnerhaus schräge
Mauer mit Pförtchen. Dahinter der Turm einer ländlichen
Kirche.
Gärtner Ebisch sitzt in der Sommerlaube. Im Glashaus, durch
die mächtige Einfahrt sichtbar, spielen die Kinder des Kinder-
gartens. Frau Peters, eine Häkelei in den Händen, wandert
zu Beginn der Szene zwischen Glashaus und Laube hin und
her.

FRAU PETERS *spricht in die Laube hinein, vor der sie stehen-*
geblieben ist. Wenn Inken nun nicht bald kommt, mußt du
auf die Kinder aufpassen, Laurids.

EBISCH. Det wier je woll nich det erste mal —. Hier man,
Anna, ich hab em kuriosen Brief jekriecht von Administrator Hanefeldt.

FRAU PETERS. Was denn fürn Brief?

EBISCH. Hei will mich versetten.

FRAU PETERS. Der Administrator will dich versetzen? Wohin
will er dich denn versetzen, Laurids?

EBISCH. Hei will mi up eene Herrschaft in Polen versetten.
Ich soll mehr Gehalt hebben, de Dienst wier leichter, de
Wohnung wier hübscher, schriebt he mir.

FRAU PETERS. Na, und du, Laurids?

EBISCH. Ik will nich, ik will lever hier bliewen. Wat soll ik
woll bei die Polacken, wo sich die Füchse gut Nacht seggen?
Ich möchte glik mine Antwort upsetten, aber he kommt
selbst, um die Sache mit mi zu besnaken, wie hei schriebt.

FRAU PETERS. Wie kommt er auf so was, der Herr Administrator?

EBISCH. Dat frag ik mi ooch, ik weet et nich.

Er steht auf und verschwindet im Glashausportal.
Langsam schreitet Frau Peters häkelnd gegen das Glashaus
und den Kindergarten, wo sie stehenbleibt. Die Kleinen haben
sich bisher still gehalten, umringen sie aber nun mit allerlei
Wünschen. Während sie beruhigt werden, tritt aus dem Mauer-

pförtchen Pastor Immoos im Ornat, begleitet von Bettina Clausen. Sie trägt sommerliches Straßenkostüm. Beide kommen, die Mauer entlang, nach vorn. Der Pastor blickt in die Laube, die er leer findet.

PASTOR IMMOOS, *zu Bettina.* Ich höre die Kinder; entweder die Mutter oder die Tochter muß in der Nähe sein.

BETTINA. Es scheint ein recht friedlicher Ort, Herr Pastor.

PASTOR IMMOOS. Nicht wahr? Man könnte an sich wohl verstehen, wenn ein geplagter Mann, der mitten im Weltleben steht, sich manchmal hierher zurückzöge. — Guten Morgen, Frau Peters! — Da ist sie ja.

FRAU PETERS *wendet sich um.* Schön Dank, und grüß' Sie Gott, Herr Pastor! *Sie legt die Hand über die Augen und erkennt erstaunt Bettina.* Ist es möglich, haben wir die Ehre, das gnädige Fräulein Bettina Clausen bei uns zu sehen?!

BETTINA. Ich hatte bei Herrn Pastor Immoos etwas zu tun. Herr Pastor wollte mich durch den Park führen: es sei der nähere Weg zur Chaussee, wo mich mein Wagen erwartet.

FRAU PETERS. Also die Bitte, Platz zu nehmen, erübrigt sich?

BETTINA. Leider — ich habe mich schon verspätet.

PASTOR IMMOOS. Frau Peters, ich komme gleich zurück.

Er verschwindet mit Bettina durch ein Gartenpförtchen im Park.

FRAU PETERS, *zu Gärtner Ebisch, der wieder erschienen ist und den Abgehenden nachblickt.* Weißt du, wer die Dame war, die Pastor Immoos durch den Garten führt?

EBISCH. Nee, weet ik nich. Wie soll ik denn ooch?!

FRAU PETERS. Geheimrat Clausen seine älteste Tochter.

EBISCH. Wat will die hier?

FRAU PETERS. Siehst du, Laurids, das weiß nu ich wieder nich.

Er geht seiner Arbeit nach, hin und her, ab und zu. — Frau Peters ist, immer mit der Häkelarbeit, wieder unter die Kinder getreten. Diese fragen, sie umringend, nach Tante Inken.

FRAU PETERS. Tante Inken ist nach der Stadt gefahren. Sie kommt bald wieder, sie bringt euch was mit.

Der Pastor ist wieder erschienen, allein, und hat die letzten Worte gehört.

PASTOR IMMOOS. Ihre Tochter ist nach der Stadt gefahren?

FRAU PETERS *wendet sich, erkennt den Pastor.* Ja, Herr Pastor, sie ist in der Stadt.

wesentlich Ihre Tochter an, so ist es besser, sie nicht dabei zu haben.

FRAU PETERS. Sie ist aber, wie Sie wissen, sehr selbständig.

JUSTIZRAT HANEFELDT. Eben darum hat eine Mutter zuweilen die Pflicht, über den Kopf einer Tochter hinweg zu handeln, wenn es zu ihrem Besten notwendig ist. — Woran starb doch Ihr Mann?

FRAU PETERS. Er starb im Gefängnis durch eigene Hand. Man könnte vor allen Versetzungen Angst haben. Wir wurden versetzt, und der Waggon mit unserem Hausrat geriet in Brand. Es hieß, mein Mann sollte selber Feuer gelegt haben, man behauptete — eine infame Lüge! — wegen der Versicherung.

JUSTIZRAT HANEFELDT. Verzeihung, ich wollte die Wunde nicht aufreißen. Ich erinnere mich, es kam mir nur nicht gleich in den Sinn.

FRAU PETERS. Das macht nichts. Ich spreche bei jeder Gelegenheit und zu jedermann davon. Unser Gewissen ist rein. Die Schande und Schmach liegt auf seiten der Justizmörder.

JUSTIZRAT HANEFELDT. Juristen sind auch nur fehlbare Menschen. Darf ich Sie nun fragen, ob Sie ebenfalls gegen die Versetzung Ihres Bruders auf einen besseren Posten sind?

FRAU PETERS. Ja, denn wir würden uns trennen müssen. Ich und Inken würden wahrscheinlich wohl hierbleiben.

JUSTIZRAT HANEFELDT. Hier? Sie meinen, im Gärtnerhaus?

FRAU PETERS. Natürlich nicht, aber in der Gegend.

JUSTIZRAT HANEFELDT. Würden Sie und Ihre Tochter Inken auch dann diese Gegend nicht verlassen, wenn man dafür eine hohe Summe — — *Er nimmt die Hand von Frau Peters.* Ihre Hand! Ich verlange Ihre volle Verschwiegenheit.

FRAU PETERS. Was ich verspreche, halte ich.

JUSTIZRAT HANEFELDT. Nochmals also: würden Sie darauf bestehen, mit Inken in dieser Gegend zu bleiben, wenn man für Ihr Verschwinden von hier eine Summe von vierzigtausend Mark zu Ihrer Verfügung stellen würde?

FRAU PETERS. Herr Justizrat, was bedeutet denn das?

JUSTIZRAT HANEFELDT. Sie werden mir zwei Minuten zuhören?

FRAU PETERS. Also ist es so weit: man will Inken loswerden? Das kann der Geheimrat billiger haben, weiß es Gott!

JUSTIZRAT HANEFELDT, *bestimmt.* Der Geheimrat weiß von der Sache nichts.

FRAU PETERS. Sie meinen, er will von der Sache nichts wissen! Er versteckt sich, schickt andere vor, wie das bei großen Herren üblich ist.

JUSTIZRAT HANEFELDT. Der Geheimrat weiß von der Sache nichts, und ich setze hinzu: er darf es nicht wissen.

FRAU PETERS. Der Geheimrat braucht ja nur wegzubleiben. Er müßte doch meine Inken kennen, um zu wissen, daß sie ihm nicht nachlaufen wird.

JUSTIZRAT HANEFELDT. Sie dürfen als Mutter die Sache nicht so behandeln. Zum dritten Male: der Geheimrat weiß von der Sache nichts!

FRAU PETERS. Woher kommt denn das Geld, wenn nicht von ihm?!

JUSTIZRAT HANEFELDT. Sie geloben mir unverbrüchliches Stillschweigen?

FRAU PETERS. Man wird doch nicht einen Fußtritt ausposaunen, den man bekommen hat.

JUSTIZRAT HANEFELDT. Das Geld stammt von einem Teil der Familie Clausen, wo man, wenn es sein muß, zu allem entschlossen ist. Man will die Geschichte aus der Welt schaffen.

FRAU PETERS. Was für eine Geschichte denn?

JUSTIZRAT HANEFELDT. Um so besser für Sie, wenn es keine ist. Inken ist dann — Gott gibt es den Seinen im Schlaf — über Nacht zur guten Partie geworden. Sie brauchen heute nicht ja oder nein zu sagen. Aber wir sind alle Menschen, Frau Peters, das bedenken Sie! Ein Kapital ist ein Kapital, eine Gelegenheit eine Gelegenheit. Wiederholen wird sie sich nicht. Sie werden so was nicht blind von der Hand weisen.

FRAU PETERS. Wenn meine Tochter davon erfährt, ist sie außer sich.

JUSTIZRAT HANEFELDT. Ihre Tochter braucht nichts zu erfahren.

FRAU PETERS. Man kann eine solche Sache nicht ewig geheimhalten. Erfährt sie davon, spuckt sie mir ins Gesicht.

JUSTIZRAT HANEFELDT. Nochmals: davon zu erfahren braucht sie nichts.

FRAU PETERS. Wie soll ihr das Geld sonst zugute kommen?

JUSTIZRAT HANEFELDT. Sie haben eine Erbschaft gemacht. — Besprechen Sie es mit Ihrem Bruder!

FRAU PETERS. Wissen Sie, was sie sagen würde? Mutter, du hast mich im grünen Wagen abschieben lassen.

JUSTIZRAT HANEFELDT. Solche Worte werde ich Inken niemals zutrauen.

FRAU PETERS. Ich trau' ihr noch weit Schlimmeres zu: ich trau' ihr zu, sie ginge ins Wasser, da sie in puncto Ehre empfindlich wie ihr Vater ist.

JUSTIZRAT HANEFELDT. Nun, Frau Peters, ich habe gesprochen. Sie wissen, wer Herr Klamroth ist. Ich habe mit Professor Wolfgang Clausen die gleiche Schulbank gedrückt, mit seiner Frau ist für niemand gut Kirschen essen. Warum soll man verschweigen, daß sich schwarze Gewölke zusammenziehen?!

FRAU PETERS. Von dem Geheimrat geht es nicht aus? Meint man, er werde Inken fortlassen?

JUSTIZRAT HANEFELDT. Es kommt darauf an, wer der Stärkere ist. — Da kommt Ihre Inken — leben Sie wohl! Und nun handeln Sie, wie Sie es für gut finden!

Er geht nach der entgegengesetzten Seite ab.

Inken, sommerlich angezogen, kommt langsam nach vorn, und zwar in der Weise, daß sie nach einigen Schritten stehenbleibt, ihr Gesicht in einen großen Karton Konfekt vertieft, etwas herausnimmt, in den Mund steckt, um wieder ein paar Schritte zu tun. Ihre Umgebung scheint sie ganz vergessen zu haben. Plötzlich wird sie von den Kindern entdeckt, umringt und angebettelt. Sie hebt ihren Karton hoch und wehrt ab.

INKEN. Nein, nein, nein! Das ist bitteres, ungenießbares Zeug. Ihr seid unartig.

FRAU PETERS. Artig sein! Marsch, ins Glashaus mit euch!

Die Kinder werden von Frau Peters zurückgescheucht.

INKEN. Ich kann ihnen doch nicht das gute Konfekt geben. Eins, zwei, drei ist es doch weggeputzt.

FRAU PETERS. Wo hast du es her, das gute Konfekt? Wo bist du gewesen? Du hast dich verspätet.

INKEN. Ein bißchen, ja. — Aber greif mal hinein, Mutter!

FRAU PETERS. Wo hast du es her? So etwas kannst du dir doch nicht kaufen, Kind?!

INKEN. Zwei Kilo, es kostet eine Stange Gold, Mutter.

FRAU PETERS. Und wer hat sie bezahlt?

INKEN. Egert Clausen, der jüngste Sohn vom Geheimrat, hat sie bezahlt. Er begegnete mir vor einem Konfektladen. Wirklich, ein lieber Junge ist das.

FRAU PETERS. Du solltest Geschenke lieber nicht annehmen. Ich habe dir das auch immer gesagt.

INKEN. Vom Geheimrat, hast du gesagt.

FRAU PETERS. Vom Geheimrat und von der ganzen Familie.

INKEN. Ich habe dir schon oft gesagt, daß du zu Besorgnissen nach dieser Richtung nicht die geringste Ursache hast. Der liebe Geheimrat traut sich ja nicht — ich möchte ganz gern mal ein hübsches Geschenk haben.

FRAU PETERS. Nun komm mal, setz dich mal bißchen her, Inken!

INKEN. Ach, Mutter, wenn du mir wieder wegen der berühmten Sache, für die ich doch nicht kann, in den Ohren liegen willst, möchte ich mich lieber nicht zu dir setzen. Tu doch, was du für richtig hältst, wirklich, ich kann dabei wenig machen.

FRAU PETERS. Was denkst du dir eigentlich bei der Geschichte, Inken?

INKEN. So allerlei — man wird ja sehn, ob es richtig ist.

FRAU PETERS. Ihm gegenüber bist du ein Kind: der Mann hat die Siebzig überschritten.

INKEN. Ich sehe ja jedesmal, es macht ihm nichts aus, daß ich jünger bin.

FRAU PETERS. Ihm? — Ihm wird es freilich nichts ausmachen. Du bist wahrhaftig naiv, mein Kind. Aber der Welt wird es etwas ausmachen, allen einigermaßen verständigen Menschen wird es etwas ausmachen, wenn ein Siebzigjähriger sein Auge auf einen Backfisch wirft.

INKEN. Einen Backfisch? Du irrst dich in mir, liebe Mutter.

FRAU PETERS. Mag sein. Ich begreife dich wirklich nicht. Du hast junge Menschen in Menge kennengelernt, hast Anträge von jungen Ärzten, Juristen und Ingenieuren bekommen: du wirst mir doch nicht einreden wollen, daß man in deinem Alter einen alten, verzeih mir, etepetetigen Herrn solchen Leuten vorziehen kann!

INKEN. Nicht? — Wenn ich ihn nicht zum Mann kriege, werd' ich mich totschießen.

FRAU PETERS *wehrt entsetzt ab.* Ein für allemal, Inken, mit solchen Überspanntheiten komme mir nicht!

INKEN. Das ist einfach die Wahrheit, das sind keine Überspanntheiten.

FRAU PETERS. Es sind verzweifelte, krankhafte Überspanntheiten, gegen die man mit allen Mitteln ankämpfen muß. — *Nach längerer Pause fährt sie fort.* Glaube nicht, Inken, ich spreche so, weil ich einen Augenblick lang annehme, der Geheimrat werde dir einen Antrag machen! Das ist einfach eine Undenkbarkeit. Eher könnte er jede Prinzessin heiraten, wogegen du, verzeih mir, doch nur so was Ähnliches wie ein besseres Kindermädchen bist!

INKEN. Dann schwärmt er vielleicht für Kindermädchen.

FRAU PETERS. Jawohl, er schwärmt: er will einfach sein Techtelmechtel mit dir! Lehre du mich diese alten Sünder kennen: ich weiß zu erzählen von der Welt! Du bist mir schließlich zu gut, um nur so ein Leckerbissen für einen übersättigten alten Lebemenschen zu sein. Es ist ja bekannt, wohin sie gewöhnlich entarten.

INKEN *wird ernst.* Mutter, nun wollen wir einmal ernst reden. Du kennst mich nicht und, vor allem, kennst den Geheimrat nicht, sonst würdest du nicht solche Ansichten immer wieder zum besten geben. In Gottes Namen denn, Kindermädchen — was weiß ich! Der Geheimrat hat mich verändert. Würde ich neunzig Jahre alt, ich vergäße ihn nicht! Es bliebe mir unverlierbar, was er mir gegeben hat.

FRAU PETERS. Was hat er dir denn nun also gegeben?

INKEN *zuckt mit den Achseln.* Auf den Tisch legen, wie ein Salzhering oder eine Flunder, läßt es sich nicht.

FRAU PETERS. Ich denke doch, Inken, wir wollten ernst reden.

INKEN. Ich hatte heute Glück mit den Clausens, Mutter. Erst in der Stadt traf ich Egert mit seinem Konfekt. Eine Viertelstunde von hier fuhr die arme, schiefe Bettina im offenen Auto an mir vorüber. Ich weiß, daß sie meine Feindin ist. Auch verstehe ich vollkommen, warum sie es ist: weil sie weiß, was für ein wundervoller, liebenswerter, herrlicher Mensch ihr Vater ist, und fürchtet, ihn an mich zu verlieren.

FRAU PETERS. Du leidest an Größenwahn, gutes Kind.

INKEN. Das magst du glauben oder nicht glauben, da ja, so oder so, an der wahren Sachlage nichts geändert wird.

FRAU PETERS. Fräulein Bettina soll dich beneiden? Die anerkannte Lieblingstochter des Geheimrats soll eifersüchtig auf dich kleines, unbedeutendes Frauenzimmerchen sein?

INKEN. Ja, Mutter — so wirst du mich niemals kleinkriegen. Ich sage es dir ganz offen: du hast eine Tochter, die dir entwachsen ist!

FRAU PETERS, *sichtlich erregt, beherrscht sich schließlich nicht ohne Mühe und sagt dann mit unnatürlicher Ruhe.* Sage mir bitte, sozusagen auf Ehr' und Gewissen, Inken, ob du etwas in dieser Angelegenheit vor mir geheimgehalten hast!

INKEN. Nicht nur etwas, natürlicherweise. Mit vollem Recht, denn es ist ganz meine eigene Sache.

FRAU PETERS. Aber es könnten Dinge in Frage kommen, die uns mit den Gerichten in Konflikt brächten, was du ganz gewiß nicht über uns hereinrufen wirst. Hast du nicht doch Geschenke erhalten? Hat der Geheimrat dir nicht am Ende doch einmal ein Brillantkollier verehrt oder einen Edelstein an den Finger gesteckt?

INKEN. Du machst mich starr! — Ich bin ganz platt, Mutter! *Sie lacht laut auf.* Also einen Eid, hier meine beiden Schwurfinger: so viel Rubinen, Smaragden, Brillanten, Berylle, Chrysoprase und was noch alles habe ich vom Geheimrat erhalten, als du an meinen Schwurfingern siehst . . .

FRAU PETERS. Nun, um so besser für dich und mich, liebe Inken! Jetzt sage mir nur noch: hat dir der Geheimrat jemals etwas von Heirat auch bloß angedeutet?

INKEN. Nein, weil es auch gar nicht nötig ist. — Übrigens hat mir die Schokolade einen gesunden Hunger gemacht, ich werde mir ein Stück Brot absäbeln. *Sie geht in die Laube, drückt das Brot, das dort auf dem Tisch liegt, an die Brust, ergreift ein Messer und tut es.* Sag mal, Mutter, mein Vater ist im Gefängnis gestorben?

FRAU PETERS. Du bist wohl nicht bei dir, liebes Kind?!

INKEN. Er starb während der Untersuchungshaft.

FRAU PETERS. Wie kannst du denn so etwas sagen, Inken?!

INKEN. Er hat sich selbst das Leben genommen, weil man ihn des versuchten Versicherungsbetruges beschuldigte.

FRAU PETERS. Wer hat dir denn so etwas aufgebunden? Überhaupt, woher weißt du das?

INKEN. Du hältst mich zwar für ein Kind, gute Mutter, aber reg dich nicht auf: ich hab' immer so etwas geahnt — ich nehme die Sache, wie sie ist.

FRAU PETERS *schlägt die Hände vors Gesicht.* Was heißt das?! Das ist ja fürchterlich.

INKEN. Aber Mutter, wußtest du denn das nicht?

FRAU PETERS. Ich sinke ja in den Boden, Inken. Wer hat denn die Niedertracht gehabt . . .

INKEN, *sehr ruhig.* Es fing damit an: ich bekam diese Postkarte. *Sie nimmt die Karte aus einem Täschchen und überreicht sie der Mutter.*

FRAU PETERS. Eine Karte? Mit welcher Unterschrift?

INKEN. Die hielt wohl der Schreiber für überflüssig. Lies sie in aller Ruhe durch! Es sei ruchbar geworden, was für eine saubere Familie wir sind, wir möchten uns nur so schnell wie möglich davonmachen in Gegenden, wo man uns nicht kennt, dort werde es ja vielleicht wiederum Menschen geben, die blind genug wären, einer Verbrecherbande ihre Kinder, und zwar zur Erziehung, anzuvertrauen.

FRAU PETERS. Lüge! Das greifst du aus der Luft, Inken! Solche Gemeinheiten gibt es nicht . . . Wenn ich ruhig bin, will ich dir einmal alles erklären, was eines dunklen Tages vor Jahren über uns hereingebrochen ist. Aber dein Vater war völlig unschuldig . . .

INKEN. Ich weiß es. Ich habe die Karte dem Sanitätsrat gezeigt. Ich war heute morgen in seiner Sprechstunde. Er hat mir ganz dasselbe gesagt.

FRAU PETERS. Ja, Doktor Steynitz hat deinen Vater gekannt, und alle, die deinen Vater gekannt haben — ich habe Stöße von Briefen in der Schublade —, wissen, er ist eines solchen Verbrechens nie fähig gewesen! Meinst du, daß der Geheimrat von der Sache erfahren hat?

INKEN. Der Sanitätsrat behauptet es. Ich habe ihn extra danach gefragt, weil es sonst meine Pflicht gewesen wäre, dem Geheimrat gegenüber alles zur Sprache zu bringen.

Jetzt setzt wieder das Glöckchen der kleinen Kirche ein. Der Täufling wird herausgetragen. Etwas von dem Taufzug ist sichtbar, jenseits der Mauer. Die Kinder sind wieder ausgebrochen. Sie umringen Inken und betteln um Brotschnitten. Frau Peters geht erregt auf und ab.

INKEN *ruft über die Kinderköpfe weg.* Es ist doch nur gut, Mutter, daß nun nichts mehr zwischen uns ist. Warum soll ich nicht ebenso klar wie du sehen?! Du kannst dich doch jetzt auch mehr aussprechen, wenn es dir Bedürfnis ist.

FRAU PETERS *faßt sich an die Schläfe und eilt fort ins Haus.* Inken, wir sind von Feinden umgeben!

Inken schneidet weiter Brot und verteilt es. Ohne daß er bemerkt wird, tritt der Geheimrat, sommerlich gekleidet, durch das Gartenpförtchen. Er sieht, was sich begibt. Er steht still in entzückter Betrachtung. Dann nähert er sich der belebten Gruppe um einige Schritte und steht wieder still. Jetzt erkennt ihn Inken. Sie hat die Hand über die Augen genommen.

INKEN. Herr Geheimrat, Sie selbst? Wahrhaftig? Oder in meiner Einbildung?

GEHEIMRAT CLAUSEN. Gott sei Dank oder leider: ganz wahrhaftig! Bin ich willkommen, oder jage ich Ihnen einen Schrecken ein?

INKEN. Höchstens doch einen freudigen Schrecken. — Fort, Kinder, fort, wo ihr hingehört! *Sie ruft.* Mutter, betreue doch bitte die Kinder! *Sie treibt die Kinder in das Glashaus.* Ich hab' keine Zeit, der Herr Geheimrat ist da. Da sind Sie wirklich, und ich hatte mich gerade auf einige Tage Fasten vorbereitet.

GEHEIMRAT CLAUSEN. Nach Fasten sah es gerade nicht aus.

INKEN. Ich war in der Stadt, ich bin eben zurück — da hat man immer einen Wolfshunger. Aber nun ist er wie weggeblasen, fort.

GEHEIMRAT CLAUSEN. Ja, Inken, ich wollte drei Tage fortbleiben . . . ich wollte sogar viel länger fortbleiben. Es ging aber eben wie meistens mit guten Vorsätzen: ich bin wieder hier, und Sie werden denken: nicht einmal auf lumpige zwei, drei Tage wird man diesen siebzigjährigen Quälgeist los.

INKEN, *liebenswürdig.* Gedankenlesen ist nicht Ihre Stärke. *Sie staubt Tisch und Bank ab.* Sie sind wieder da, und das ist die Hauptsache!

GEHEIMRAT CLAUSEN *legt Paletot, Zylinder, Handschuhe, Stock auf den Tisch.* Meine Empfindung ist eine ähnliche. Ich war nicht sehr auf dem Damm in jüngster Zeit, vom täglichen Ärger abgesehen; seit ich den Kies Ihres Gärtchens unter meinem Fuße knirschen höre, ist mir erheblich besser zumute. — Ich bin eben immer noch sehr von Ihnen abhängig.

INKEN. Und das quält Sie? Das mögen Sie nicht?!

GEHEIMRAT CLAUSEN. Ich mag es, ich sollte es aber nicht mögen.

INKEN. Was für Ihren blonden Kameraden, wie Sie mich manchmal genannt haben, kein gutes Zeugnis ist. *Sie rafft sich zusammen.* Seien wir heiter! Trübsal blasen an einem Morgen wie heut schickt sich nicht.

GEHEIMRAT CLAUSEN *nimmt Platz.* Oh, Sie haben wahrhaftig recht, Inken. — Hier nebenan wird ja sogar gehochzeitet.

INKEN. Getauft, was bei weitem lustiger ist. Eben trägt man den Täufling aus der Kirche.

GEHEIMRAT CLAUSEN. So melden, scheint es, die Glocken den neuen kleinen Erdenbürger im Himmel an.

INKEN. Wäre es so — ein netter Gedanke.

GEHEIMRAT CLAUSEN. Die Romantik ist aus der Welt: um Sie herum, Inken, steht sie jedoch noch in voller Blüte.

INKEN. Sie sagen das oft, leider nutzt es mir nichts.

GEHEIMRAT CLAUSEN. Und so nennen Sie mich denn einfach nichtsnutzig!

INKEN. Im Gegenteil, mich fühle ich nichtsnutzig. Das ist man, wenn man jemandem, den man gern hat, ohne die dazugehörigen Kräfte helfen will. Man fühlt sich da manchmal recht überflüssig.

GEHEIMRAT CLAUSEN *streckt ihr die Hand über den Tisch.* Kind, haben Sie noch ein bißchen Geduld mit mir — —

INKEN. Geduld? — Ach, wenn es nur darauf ankäme!

GEHEIMRAT CLAUSEN. Es kommt darauf an: Geduld, Geduld!

INKEN. Bis die Welt sich auftut oder mein Urteil gesprochen und die Kerkertür geschlossen ist? —

GEHEIMRAT CLAUSEN *seufzt auf.* Ach, Inken, der Mensch ist so furchtbar zwiespältig! —

INKEN, *nach längerer Pause.* Ich habe es beim ersten Blick

gesehen, daß etwas mit Ihnen vorgegangen ist: wollen Sie
es mir vorenthalten?

GEHEIMRAT CLAUSEN. Sie haben recht — und vor Ihnen geheimhalten, wie die Dinge nun einmal zwischen uns liegen,
darf ich es nicht.

INKEN. Also kurz und klar! Meine innigste Bitte.

GEHEIMRAT CLAUSEN. Hätte ich kurz zu sein die Kraft gehabt,
ich hätte der Schwäche nicht nachgegeben und wäre hier-
hergekommen. Wäre ich klar, so bedürfte es keiner Aus-
sprache. Gewiß aber ist eine Stunde da, die uns beide stark
finden muß. *Nach längerer Pause fährt er fort.* Es gibt aus
meinem Dilemma mehrere Auswege. Einer ist der, den
Seneca wählte, Marc Aurel vertritt, wie es die Alten nann-
ten: der stoische. Man schließt nicht nur eine Sache, sondern das Leben überhaupt freiwillig ab.

INKEN. Ein solcher Ausweg läßt einen aufatmen.

GEHEIMRAT CLAUSEN. Was sagst du? — Inken, freveln Sie
nicht! Wer darf eine Jugend voll Hoffnung, voll Freude,
voll einer glückbringenden Kraft für die Nebenmenschen
schnöde wegwerfen?! Für einen Mann über siebzig ist ein
gutes Recht, was für ein Mädchen wie du Verbrechen sein
würde.

INKEN. Solche Unterscheidungen sagen mir nichts.

GEHEIMRAT CLAUSEN. Geben Sie mir das Versprechen, Inken
... Inken, bei meiner Liebe zu Ihnen: verschließen Sie
meinen Ausweg nicht! Schwöre mir, mich allein zu lassen!
Müßte ich die Befürchtung haben, du gingst den gleichen
Weg, ich fände die Ruhe im Grabe nicht.

INKEN *steht da, Tränen tropfen aus ihren Augen.* Ich höre nur
immer, ich soll Sie allein lassen, soll Ihnen den Ausweg
nicht verschließen, nicht den gleichen Weg wie Sie gehen,
Ihre Ruhe nicht stören, und so fort. Ist es Ihr Ernst — vielleicht habe ich immerhin noch eine gewisse Willenskraft ...

GEHEIMRAT CLAUSEN. Inken, Sie wollen mich mißverstehen.
Ich darf Sie nicht in mein Schicksal hinabreißen. Also ich
verspreche, wenn Sie das gleiche tun: ich leiste auf diesen
Ausweg Verzicht! Gerade Ihnen gegenüber hätte ich nicht
davon sprechen dürfen ...

INKEN. Sie meinen, weil mein Vater ihn so unbedenklich
gegangen ist

GEHEIMRAT CLAUSEN. Lassen wir dieses Thema, Inken! Wäre ich jung, ich würde ein Leben um dich aufbauen, du müßtest den Tod vergessen, Inken! Aber so ... es gibt ja Gott sei Dank einen anderen Ausweg aus meinem Konflikt: wir wollen ihn den Verzicht aus Pflicht heißen.

INKEN. Nach meinem Empfinden ein Seelenmord: ein ärgeres Verbrechen gegen den Geist, als der physische ist.

GEHEIMRAT CLAUSEN, *gequält.* Kann es denn eigentlich möglich sein, ein Kind wie Sie, und Sie mögen mich leiden, Inken?

INKEN. Nein! Wieso denn? Ich mag Sie nicht!

GEHEIMRAT CLAUSEN *steht auf, geht tief erregt auf und ab. Dabei schlägt er mit dem Stock Lilien die Köpfe ab. Plötzlich bleibt er vor Inken stehen.* Ich muß dir jetzt klaren Wein einschenken. Du wirst vielleicht finden, daß er sehr molkig ist. — Es wird abwechselnd hell und dunkel in mir, »es wechselt Paradieseshelle mit tiefer, schauervoller Nacht«. Warum soll ich nicht Goethe zitieren, wenn er treffend gesagt hat, wie es ist? Wenn die Paradieseshelle über mich kommt, so sehe ich blauen Himmel und dich, rote Lilien und dich, goldne Sterne und dich, blaue Schweizer Seen und dich, ein Schloß auf hohem Berge, mit Zinnen und Fahnen, und darin dich, die Sonne, und dich, den Mond, und dich, kurz, Inken: dann sehe ich dich! dich! dich! Aber dann kommt die »schauervolle Nacht« herangeschlichen, der bekannte Drache, der dies alles in sich schluckt — nach dem Ormuzd herrscht Ahriman. Da sinke ich in die beizenden, nach verbranntem Fleisch und glühendem Eisen riechenden Verliese Ahrimans. Dort unten schwitze ich Blut und Wasser. Dort unten hausen Gespenster wie Vampire, dort unten wird zum Vampir, was oben ein Engel gewesen ist ...

INKEN *fliegt ihm an den Hals und läßt ihn nicht los.* Aber dann siehst du auch dort wieder mich, mich, mich — und der ganze Teufelsspuk ist verschwunden — — —
Lange, schweigende Umarmung. Der Pastor im Barett geht jenseits der Gartenmauer, blickt herüber und entfernt sich. Danach lösen sich die Liebenden und lassen sich am Tisch nieder.

INKEN. Gott sei Dank, endlich! Ich hatte immer einen so schauderhaften Respekt vor dir.

GEHEIMRAT CLAUSEN, *nach einer Pause*. War es das, was ich
suchte? — Und was nun? — Befiehl! denn dein Wille ist
meiner, Inken! Höre: ich kam hierher, sozusagen pour
prendre congé. Gleichsam ein Zucken der Braue Gottes
hat alles drunter und drüber gestürzt und eine völlig ver-
änderte Welt um uns aufgebaut.

INKEN. Und, Geliebter, wie wollen wir uns darin festnisten!

GEHEIMRAT CLAUSEN. Ja, kleine Geliebte, das wollen wir!
Das Zusammengestürzte ist nicht mehr zu fürchten. Nun
will ich dir auch sagen, welches äußere Geschehnis dieser
Wendung vorausgegangen ist, welchem Umstand wir sie
wahrscheinlich verdanken. — Ich habe heut morgen mit
meiner Tochter Bettina den ersten schweren und auch
lauten Konflikt gehabt. Sie vergaß den Respekt und machte
mir Vorwürfe. Sie ging so weit, den Namen meiner verstorbenen Frau zu mißbrauchen. Sie rief sie gleichsam
gegen mich auf. Es ist immerhin schmerzlich und ergrei-
fend, wenn ein Kind wie Bettina so etwas tut. Sie hat mich
vergöttert, zeit meines Lebens. Dieses ganze, etwas zu
kurz gekommene Geschöpf war gegen mich immer ganz
Gehorsam und unermüdlich bereit zur Aufopferung. Sie
hat mich seit dem Tode der Mutter wie einen Blinden
geführt, eine Antigone sozusagen. Nun — übergebe ich dir,
Geliebte, den Lahmen, der übriggeblieben ist!

INKEN. Liebster, du willst von Bettina reden.

GEHEIMRAT CLAUSEN. Ein Geheimniskrämer bin ich nicht.
So ist denn wohl unsre Beziehung ortskundig. Freilich
ist die Fama der Tatsache weit vorausgeeilt, obschon sie
nun recht behalten hat. Unentschiedenheiten gibt es nun
nicht mehr in unserer Sache. Des zum Zeichen, Inken,
nimm diesen Ring.

Er steckt ihr einen Ring an den Finger, den sie küßt.

Es ist der Ring, den Bettina in der Schatulle der Mutter
vermißte und um dessentwillen der Streit zwischen uns
losgebrochen ist. Unlöslich bindet er uns jetzt aneinander.
Er steht auf. Inken, mir ist so wohl und frei um Herz und
Brust, wie mir, solange ich denken kann, nicht gewesen ist.
Und nun bis zum Ende: wir halten zusammen!

DRITTER AKT

Das gleiche Zimmer wie im ersten Akt. In einem Teil des großen Raums ist der Frühstückstisch mit neun Gedecken gedeckt. Es ist Spätherbst. Anfang Oktober.
Sanitätsrat Steynitz und Frau Peters kommen: er im Cut, sie im schwarzen Straßenkostüm.

FRAU PETERS, *tief bekümmert.* Ich wünschte, mein Bruder hätte die Versetzung nach der polnischen Herrschaft angenommen.

SANITÄTSRAT STEYNITZ. Frau Peters, wollen Sie nicht, bitte, ablegen?

FRAU PETERS. Nein, ich habe es dem Geheimrat gesagt; ich dachte anfangs, wir wären allein, aber ich fürchte mich vor der Familientafel. Inken hat es selbst eingesehen, der Chauffeur wartet und fährt mich zurück.

SANITÄTSRAT STEYNITZ. Viel Vergnügen würde wohl allerdings nicht herausspringen.

FRAU PETERS. Hier ist etwas, was ich Ihnen nur noch in aller Eile zeigen will, damit Sie sehen, in welcher Weise ich aus dem Hinterhalt verfolgt und beschmutzt werde. *Sie gräbt eine Postkarte aus dem Handtäschchen und reicht sie ihm.* Es ist eine anonyme Postkarte.

SANITÄTSRAT STEYNITZ, *die Karte in der Hand haltend.* Man braucht nicht Graphologe zu sein, um zu erkennen, daß sie von derselben Hand wie vor Wochen die erste an Inken geschrieben ist.

FRAU PETERS. Ist es zu fassen? Auf offener Postkarte! Denken Sie, was mir hier vorgeworfen wird: ich soll es gewesen sein, die das Petroleum in die Lori mit dem Umzugsgut gegossen hat. Man hätte Beweise, man werde mir nachträglich den Prozeß machen.

SANITÄTSRAT STEYNITZ. Lassen Sie mir das Dokument! »Übers Niederträchtige niemand sich beklage«, sagt der Haus-heilige, »denn es ist das Mächtige, was man dir auch sage.« *Er steckt die Karte ein.* Aber für Sie bedeutet es nichts. Ich bringe Sie bis ans Auto, Frau Peters.
Sie gehen beide ab.
Winter tritt ein, überblickt die Tafel und legt Servietten auf.

Nach einiger Zeit kommt der Direktor Erich Klamroth, gleichsam auf Zehen.

KLAMROTH. Winter!

WINTER. Zu Befehl, Herr Direktor!

KLAMROTH. Wer ist beim Geheimrat im Arbeitszimmer?

WINTER. Ich glaube, Doktor Wuttke ist da.

KLAMROTH. Wuttke kam aus dem Hause, als ich mit meiner Frau aus dem Auto stieg. Es war außerdem eine weibliche Stimme.

WINTER. Vielleicht ist Fräulein Bettine beim Herrn Papa.

KLAMROTH. Sie sind wohl verrückt! Ich kenne doch wohl das gequetschte Organ von Bettine.

WINTER. Herr Direktor verzeihen, da weiß ich nicht, wer beim Herrn Geheimrat im Zimmer ist.

KLAMROTH. Sie wissen es nicht? Sie werden mir das nicht weismachen. Wenn hier im Hause ein Floh hustet, wissen Sie es.

WINTER. Zuviel Ehre für meine Gehörsnerven.

KLAMROTH. Sanitätsrat Steynitz hat eben eine Dame in Schwarz ans Auto geführt. Der Chauffeur vom Geheimrat hat sie abgefahren. Wissen Sie auch nicht, wer die Dame gewesen ist?

WINTER. Allerdings, ich könnte das auch nicht genau sagen.

KLAMROTH. Heißt das ja, oder heißt das nein? Mit dieser Wendung könnten Sie Botschafter werden. Ich will Ihnen sagen, wer es gewesen ist: es war die Mutter von Inken Peters.

WINTER. Das könnte allerdings möglich sein.

KLAMROTH. Und sie selbst, Inken Peters, ist beim Geheimrat im Zimmer. Und jetzt machen Sie weiter keine Umschweife: wie oft wöchentlich kommt diese Näherin ins Haus?

WINTER. Dann muß sie ohne mein Wissen herkommen. Ich bin ihr zum letztenmal beim siebzigsten Geburtstag des Herrn Geheimrats hier begegnet.

KLAMROTH. Und Sie wissen nicht, ob sie jetzt in seinem Zimmer ist?

WINTER. Das könnte immerhin möglich sein. Wenn Herr Direktor es meinen, so will ich es nicht bestreiten. *Er geht.*

KLAMROTH *ruft ihm nach.* Schlangenmensch Sie! mit Ihren gewundenen Windungen! Sie werden den Zeiger der Uhr nicht zurückdrehen.

*Er durchmißt mehrmals das ganze Zimmer, dann bleibt er
am Tisch stehen und zählt die Gedecke. Als er fertig ist,
denkt er nach, hierauf zählt er nochmals, stutzt und schüttelt
den Kopf wie jemand, der etwas nicht versteht.*
Bettina und Ottilie, Arm in Arm, treten ein.

BETTINA. Ich bin sehr froh, daß wir alle beisammen sind.
Ich habe mir das Meine gedacht, als ich bei Papa darauf
bestand, das gemeinsame Familienfrühstück einmal im
Monat wieder einzuführen.

KLAMROTH *wendet sich, eilt auf die Schwestern zu.* Wißt ihr,
daß wahrscheinlich Inken Peters bei eurem Vater im
Zimmer ist?

BETTINA *erbleicht.* Wer hat das gesagt? Das kann ich nicht
glauben.

KLAMROTH. Es war die Stimme, ich habe sie erkannt, die Tür
war nur angelehnt, als ich auf dem Flur vorüberging.

BETTINA. Inken Peters ist seit dem Geburtstag nie hier gewesen. Was würde denn das bedeuten sollen, gerade heut
am Familientag?

KLAMROTH. Es könnte manches bedeuten sollen, was horrend
zu denken ist.

BETTINA. Verzeiht, ich will doch mal Winter aufsuchen. *Sie
geht ab.*

KLAMROTH. Komm gefälligst mal her, Ottilie! *Er führt sie an
den Tisch.* Wieviel Gedecke siehst du hier aufgelegt?

OTTILIE *zählt.* Eins, zwei, drei, vier... es sind neun Gedecke.

KLAMROTH. Aus wieviel Personen besteht die Familie?

OTTILIE, *sie macht gleichsam Tischordnung.* Vater, Bettine,
du, ich sind vier. Egert, Wolfgang und seine Clothilde — das
wären sieben. Hier sitzt der Sauerteig, wie Papa den Sanitätsrat nennt, den er doch immer dabei haben muß.

KLAMROTH. Der Teufel hole den Sauerteig! Und wer futtert
hier, hinter dem neunten Gedeck?

OTTILIE. Das weiß ich nicht.

KLAMROTH. Du weißt es, aber du willst es nicht wissen.

OTTILIE. Nein, ich schwöre dir, Erich, daß uns Papa das gewiß nicht antun wird.

KLAMROTH. Was tu' ich mit deinem Schwur, Ottilie? — Übrigens mache ich einfach nicht mit. Ich habe sowieso keine
Zeit übrig. Die philosophischen Tischreden eures Herrn

Vaters und das professorale Getue von Wölfchen interessieren mich nicht. Ich stürze ein Glas nach dem andern hinunter, weil ich mich vor Langerweile kaum auf dem Stuhl halten kann! Als wären sie in Streusand getunkt, würg' ich die besten Bissen hinunter.

OTTILIE, *furchtsam.* Du sagtest doch, daß du dabei sein wolltest, weil es für die Familie notwendig ist.

KLAMROTH. Ich muß dabei sein, weil ich schwarz sehe. Ich muß wissen, was vorgeht, damit wenigstens das Schlimmste vermieden wird. Die Clausenschen Schwärmereien und Gefühlsduseleien werden allmählich lebensgefährlich.

OTTILIE. Rege dich nur nicht wieder auf, Erich!

KLAMROTH. Ihr habt keine Ahnung von der Zeit, ihr säuselt immer in höheren Sphären. Auf unsereinen sieht man herab.

OTTILIE. Niemand sieht doch auf dich herab. Es ist weiter nichts, als daß in unserer Familie ein gewisser Idealismus heimisch ist.

KLAMROTH. Du meinst, weil dein Vater für ein Sündengeld sich seidne Hemden und Unterhosen kauft und sich und euch öffentlich lächerlich macht?

OTTILIE. Aber wieso? Was heißt denn das, Erich?

KLAMROTH. Die ganze Stadt lacht sich tot darüber. — Die Luft ist mir hier ein bißchen zu dick, ich gehe hinunter in den Garten. *Er geht ab.*

OTTILIE. Erich, lauf doch nicht fort, ich bitte dich!
Bettina kommt wieder.

BETTINA. Ich kann es nicht glauben, jedenfalls aber ist irgendeine Dame bei Papa. Komm mit mir, ich schließe mich ein in meinem Zimmer: hat dein Mann recht, so wird man mich heut vergeblich beim Frühstück erwarten.

Bettina nimmt Ottilie mit sich fort. Beide ab mit erregten Bewegungen. Winter erscheint wieder und macht sich an der Tafel zu schaffen. Als Stimmen vernehmbar werden, horcht er auf. Etwas später tritt der Sanitätsrat mit Inken ein. Winter verhält sich, als ob er einen Geist sähe, und zieht sich erschrocken zurück. Inken bemerkt es nicht, aber der Sanitätsrat lacht herzlich.

INKEN. Herr Sanitätsrat, was haben Sie denn?

SANITÄTSRAT STEYNITZ. Mir fiel etwas recht Komisches ein. — Also dies, Fräulein Inken, ist die Bibliothek.

INKEN. Wo ich schon einmal gewesen bin.

SANITÄTSRAT STEYNITZ. Und hier hängt nun das Bildnis, das die verstorbene Frau Clausen im Unschuldsstand eines jungen Mädchens zeigt.

INKEN. Vor dieser Frau habe ich Angst, Sanitätsrat.

SANITÄTSRAT STEYNITZ. Sie ist nicht mehr: weshalb sollten Sie Angst haben?! Aber freilich, sie war eine große Frau. Ebenso ihre beiden Schwestern. Die eine hat es bis zur englischen Lady gebracht, die andere spielte in Bochum die erste Flöte. Ihre Ehehälften hatten sie alle gleich gut gewählt. Es waren stille, feinsinnige Männer, die das Zeug zu großen Karrieren hatten. Diese haben sie denn auch alle gemacht.

Unsere Frau Geheimrat war auch in unserer Stadt Mittelpunkt der Geselligkeit. Manchmal nahm sie so viel Logiergäste auf, daß der Geheimrat im Hotel schlafen mußte. Musiker, Maler, große Gelehrte und Staatsmänner, alles, alles, ging durch ihr Haus.

INKEN. Da kann man sich freilich recht nichtig vorkommen.

SANITÄTSRAT STEYNITZ, *mit Inken ins nächste Zimmer schreitend.* Und dies hier war nun ihr Boudoir. Wie Sie sehen, reiht sich hier Kostbarkeit an Kostbarkeit. Man überhäufte sie, nicht nur der Gatte, mit Geschenken. *Beide ab.*

Winter kommt wieder, bestellt weiter die Frühstückstafel. Danach erscheinen Bettina, Ottilie, Professor Wolfgang Clausen und Paula Clothilde, geb. von Rübsamen.

PAULA CLOTHILDE *eilt mit großen Schritten an den Kamin und stellt einen protzigen Busch Blumen unter das Bild der verstorbenen Frau Clausen.* Zunächst mal den Manen meiner herrlichen, unvergeßlichen Schwiegermama diese Huldigung!

BETTINA. Wie rührend du bist, meine gute Paula!

PAULA CLOTHILDE, *im Augenaufschlag zu dem Bilde.* Sei mit uns! Sei mit uns, damit wir in deinem Geiste eng zusammenhalten wie ein Mann!

OTTILIE. Auch Erich sagt, wir sollen entschieden zusammenhalten, ohne Rücksicht und Gefühlsduselei.

BETTINA *führt das Taschentuch an die Augen.* Wenn es nur nicht so schwer für mich wäre! Es ist ja so furchtbar schwer für mich. *Sie weint.*

PAULA CLOTHILDE. Tröste dich, Liebste, es wird alles gut werden.

PROFESSOR WOLFGANG CLAUSEN. Was ist geschehen? Weshalb bist du so traurig, Bettine?

BETTINA. Nichts, gar nichts, Wolfgang, es ist nichts geschehen.

PROFESSOR WOLFGANG CLAUSEN. Die Unruhe wird mir ein wenig zuviel. Ich wäre schon lieber nicht hergekommen. Die Lebensbedingungen eines stillen Gelehrten vertragen sich eigentlich mit so gespannten Zuständen nicht.

PAULA CLOTHILDE. Es war nicht zu umgehen, du mußtest herkommen.

BETTINA. Papa tut einem ja so unendlich leid. Ich verliere an ihm ja mehr als ihr alle. Dieser hohe und feine Mensch, zu dem ich nur staunend hinaufblicken konnte! — Eine solche Enttäuschung ertrüge ich nicht...

PROFESSOR WOLFGANG CLAUSEN. Ist Papa noch immer nicht zur Vernunft gekommen?

OTTILIE. Wir können den größten Affront gewärtigen. Wollt ihr euch diese Tafel ansehen und mir sagen, wer hinter dem Gedeck, das zuviel ist, sitzen soll?

Winter tritt ein.

PROFESSOR WOLFGANG CLAUSEN. Da ist ja Winter. Können Sie uns sagen, wer außer uns und dem Sanitätsrat noch erwartet wird?

WINTER. Nein, Herr Professor, das kann ich nicht sagen. Es waren erst zehn Gedecke aufgelegt, dann ließ der Geheimrat eines wegnehmen. Ich sagte, Herr Geheimrat verzeihen, es ist immer noch eines zuviel aufgelegt. Da haben der Herr Geheimrat mich angefahren: nichts sei zuviel, und ich solle den Mund halten. *Er geht durchs Zimmer ab.*

PAULA CLOTHILDE, *heftig auf und ab.* Mit dieser Nähterin sich zu Tisch setzen?

PROFESSOR WOLFGANG CLAUSEN. Mit den Töchtern von Zuchthäuslern speist man allerdings für gewöhnlich nicht. Es könnte mich meine Stellung kosten.

BETTINA. Nein, nein, und wiederum nein, daß Papa uns das zumutet, glaube ich nicht.

Egmont tritt ein.

EGMONT. Was ist denn los? Was geht denn hier vor, Herr-

schaften? Ihr seid ja wie ein aufgestörter Wespenschwarm.
Erich Klamroth rennt wie besessen im Garten umher, und
hier oben ist alles aus dem Häuschen.

PROFESSOR WOLFGANG CLAUSEN. Ja nun, es kann eben doch
Dinge geben, die selbst für die äußerste Langmut und Geduld eines guten Sohnes schwer tragbar sind.

OTTILIE. Weißt du etwas von dem neunten Gedeck?

EGMONT. Ich denke, Inken Peters wird mitkommen oder
womöglich bereits im Hause sein.

PAULA CLOTHILDE. Das sagst du so einfach hin, lieber Egert?

EGMONT. Das sag' ich so einfach hin, jawohl!

PAULA CLOTHILDE. Dann verstehst du den Schritt in seiner
Bedeutung nicht. Es wird schrecklich tagen, mein lieber
Junge, wenn du mal diese kleine Ladenmamsell Mama
nennen mußt!

EGMONT. Du hast wirklich danteske Phantasien! Ich rate dir,
übernimm dich nicht!

PAULA CLOTHILDE. Und du, Egert, weißt nicht, was du sprichst.
Die Mutter, die Alte, müßt ihr aufs Korn nehmen. Die alte
Hexe weiß, was sie will. Man hat ihr ein Vermögen ge-
boten, falls sie mit der Tochter verduften würde — sie hat
es aber glatt abgelehnt. Die Tochter ist eben ihr Kapital,
sie hofft noch ganz andre Dinge mit ihr herauszuschlagen...

EGMONT. Paula, du siehst entsetzliche Raffinements, deren
diese einfachen Menschen gar nicht fähig sind. Du solltest
sie dir genauer ansehen! Von der Geldgeschichte weiß ich
nichts. Aber diese Inken ist ein so gerader und schlichter
Mensch, daß ich für sie meine Hand ins Feuer lege. Wir
waren zu dreien im Zoologischen Garten, Fräulein Inken,
Papa und ich, es war eine reizende halbe Stunde.

PAULA CLOTHILDE. Möglich, daß die Tochter noch nicht ver-
dorben ist, die Mutter hat Dinge auf dem Gewissen...

BETTINA. Was sagst du? In welcher Beziehung denn?

PAULA CLOTHILDE. Ihr Mann ist im Untersuchungsgefängnis
gestorben. Er hat sich getötet, wie man weiß. Neuerdings
kennt nun Hanefeldt die Prozeßakten: was man dem Mann,
einem Bahnhofsinspektor, zur Last legte, die Lori mit dem
eigenen Umzugsgut in Brand gesteckt zu haben, das soll sie
gewesen sein. Sie ist mehr und mehr in Verdacht geraten.
Wahrscheinlich hätte sie heute eine Zuchthausstrafe hinter

sich, wenn sich der einzige Zeuge, ihr Mann, nicht abgemurkst hätte.

EGMONT. Ich traue dem Steynitz mehr als dem Hanefeldt. Steynitz läßt nichts auf Frau Peters kommen.

PAULA CLOTHILDE. Weil er einfach ihr Drahtzieher ist. Er wird wohl wissen, warum er es ist. Unsere Informationen sind anders geartet.

Sanitätsrat Steynitz tritt ein.

SANITÄTSRAT STEYNITZ. Ich bitte mir ruhig die Tür zu weisen, wenn ich irgendwie lästig bin.

EGMONT. Sie kommen wie gerufen, Doktor. Meine verehrte Schwägerin hat sich nämlich soeben über Frau Peters ausgelassen.

PAULA CLOTHILDE. Ich habe nur das gesagt, was in den Akten steht und erwiesen ist.

SANITÄTSRAT STEYNITZ. Was steht in den Akten? Was wäre erwiesen?

PROFESSOR WOLFGANG CLAUSEN. Paula, wir wollen von solchen Sachen absehen.

EGMONT. Meine Schwägerin meint, Frau Peters sei eine Brandstifterin, für die sich der Mann im Gefängnis geopfert habe.

SANITÄTSRAT STEYNITZ. Das ist eine Ansicht, eine Behauptung, womit man die ehrenwerte Frau Peters im allerübelsten Gossenstile sogar neuerdings durch anonyme Postkarten ängstigt. Sie hat mir eine davon gezeigt. Ich sammle solche Dokumente menschlicher Schlechtigkeit. Ich glaube sogar, ich werde die Karte hier haben. *Er holt sie heraus und reicht sie Paula Clothilde.* Ja, hier ist sie — wer sich dafür interessiert!

PAULA CLOTHILDE, *leicht aus der Fassung, da sie die Karte, wie die erste, geschrieben hat.* Interessiert mich nicht. Wieso interessiert?

SANITÄTSRAT STEYNITZ. Ich dachte, Sie nähmen daran Interesse: das Geschmier auf der anonymen Postkarte vertritt doch dieselbe Ansicht wie Sie.

PAULA CLOTHILDE. Wieso das Geschmier? Wer schreibt eine anonyme Postkarte?

SANITÄTSRAT STEYNITZ. Das weiß ich nicht, sie ist ja doch anonym.

PROFESSOR WOLFGANG CLAUSEN *zu Steynitz.* Sie werden doch hoffentlich meiner Frau nicht sagen wollen, daß ihre Gesinnung und die der Postkarte ein und dieselbe ist?!

SANITÄTSRAT STEYNITZ. Gewiß nicht, das liegt mir natürlich ganz fern.

PAULA CLOTHILDE. Solche Dinge wirft man doch einfach ins Kaminfeuer. *Sie versucht es, aber die Karte fällt auf die Erde.*

SANITÄTSRAT STEYNITZ. Ich wünschte, Sie täten das mit Ihrer falschen Ansicht über Frau Peters auch. — Aber die Karte muß ich mir aufheben. *Er nimmt sie von der Erde auf.* Frau Peters wird sie vielleicht zu ihrer Verteidigung noch einmal brauchen.

PAULA CLOTHILDE. Ob das geschieht oder nicht, ist mir gleichgültig.

Während dieser Szene sind Professor Wolfgang Clausen und Bettina untergefaßt und lebhaft flüsternd im Zimmer umherspaziert. Bettina hat Tränen in den Augen.

PROFESSOR WOLFGANG CLAUSEN *bleibt stehen, starrt Bettina an.* Das ist doch nicht möglich, was du sagst.

BETTINA. Bei Gott, es ist reine Wahrheit, Wolfgang.

PROFESSOR WOLFGANG CLAUSEN. Das wär ja Raub am Heiligsten, am Teuersten, was uns geblieben ist.

BETTINA. Bitte, Wolfgang, schweige darüber!

OTTILIE. Darf man wissen, wovon zwischen euch die Rede ist?

BETTINA. Ich möchte dich bitten: lieber nicht. Ich möchte es lieber für mich behalten.

PROFESSOR WOLFGANG CLAUSEN. Ottilie ist unsere Schwester, Bettine. Es ist sogar gut, wenn sie unterrichtet ist. — Vater hat Ringe und Schmuckstücke weggebracht und sie diesem Mädchen überantwortet. Ringe und Schmuckstücke der seligen Mama! Wir müßten Mutters Bild verhängen, wenn euch wie mir zumute ist.

OTTILIE. O Gott, mir ist ebenso zumute.

PAULA CLOTHILDE, *weiter stark alteriert durch die Erkenntnis, daß Steynitz sie für die Verfasserin der anonymen Postkarte hält, zu ihrem Mann.* Wolfgang, darf ich um deinen Arm bitten? Mir war den ganzen Morgen nicht gut, vielleicht wäre man besser zu Hause geblieben.

PROFESSOR WOLFGANG CLAUSEN *faßt seine Frau unter und führt sie im Zimmer auf und ab.* Ein Kognak tut dir doch meistens gut, Paula. Übrigens, habe ich dir schon erzählt? Der Schmuck unserer Mutter geht allmählich an Vaters Verhältnis über.

PAULA CLOTHILDE. Unsinn! Ein Ding der Unmöglichkeit! Nein, Wolfgang, du wirst mir so was nicht einreden! Ein solcher Skandal...

EGMONT, *zu Ottilie.* Macht doch um Gottes willen nicht so viel Wesens um eine Belanglosigkeit! Mag doch die kleine Inken mit uns mitessen! Es ist ja doch wohl für uns alle genug.

OTTILIE. Hast du gehört? Nun verzweifle ich an dem gesunden Menschenverstand von Papa.

EGMONT. Was soll ich denn schon wieder gehört haben?!

OTTILIE. Papa verschleudert den Schmuck der seligen Mama. Diese Inken trägt bereits ihre Ringe, Spangen und Armbänder. Wenn ich das meinem Manne sage — Erich gerät außer sich!

Sie geht hastig hinaus, wie um ihren Mann zu finden.

PROFESSOR WOLFGANG CLAUSEN. Sagen Sie mir doch einmal ganz offen, Sanitätsrat, ob etwas Wahres an den Gerüchten ist: hat Vater am Zuger See einen alten Schloßbau gekauft, und läßt er ihn von einem Berliner Architekten ausbauen?

SANITÄTSRAT STEYNITZ. Ich weiß nur, daß von allerhand Plänen ähnlicher Art für die alten Tage des Geheimrats gelegentlich die Rede gewesen ist.

EGMONT *legt seinen Arm um die Schultern des Sanitätsrats.* Onkel Steynitz, das werden Sie doch nicht billigen! Wenn wirklich Vater unseren und Mutters alten Familienschmuck an Inken verschenkt, so würde das sich doch auch Ihnen als eine unbegreifliche Handlung darstellen?!

SANITÄTSRAT STEYNITZ. Das alles geht mich durchaus nichts an. Sie wissen längst, daß ich mich in Intimitäten der Familie Clausen nicht einmische.

EGMONT. Dann müßte man Mutters Bild verhängen. *Er geht zu Bettina.* Hast du das schon gehört, Bettina, was mit Mamas Schmuck geschehen ist?

BETTINA. Um Gottes willen, sprich nicht darüber. Ich habe es

Wolfgang anvertraut, leider hat er es auch vor Ottilien nicht geheimgehalten...

EGMONT. Wer kann da noch zweifeln —: Papa ist wahnsinnig!

BETTINA. Bitte, Egert, sprich nicht so — es zerreißt mir die Seele! ich kann es nicht aushalten! Wenn es Ottilie nur Klamroth nicht mitteilte! Er hat eine Art, über Vater zu reden, die mir unerträglich ist. Laß mich, ich muß mich ein bißchen zurückziehen.

Sie geht ab. Klamroth und Ottilie kommen.

KLAMROTH. Das stieße dem Faß den Boden aus, wenn er auch noch den Familienschmuck wegschenkte!

OTTILIE. Kaum die Hälfte soll noch vorhanden sein.

KLAMROTH. Noch schlimmer sind vielleicht die andern Engagements, in die er sich eingelassen hat. Es handelt sich da um sinnlose Ausgaben, durch die der Bestand des ganzen Vermögens gefährdet ist. Er kann es eben nicht mehr überblicken: mangelnde oder verminderte Zurechnungsfähigkeit.

PROFESSOR WOLFGANG CLAUSEN, *zum Sanitätsrat*. Könnte man denn einen Schloßkauf, wenn er wirklich geschehen wäre, nicht rückgängig machen?

KLAMROTH *mischt sich ein*. Ich habe Justizrat Hanefeldt aufgesucht. Das Gesetz bietet keine Handhabe. Oder es müßte etwas geschehen, was unmöglich ist.

PROFESSOR WOLFGANG CLAUSEN. Für mich ist Papa nicht mehr zurechnungsfähig.

PAULA CLOTHILDE, *am Tisch*. Ich muß an mich halten, sonst würde ich dieses neunte Gedeck zur Balkontür hinunterpfeffern. Beinah möchte ich sagen: pfui, pfui, pfui!

Winter kommt herein.

PROFESSOR WOLFGANG CLAUSEN. Ja, du hast recht. — Winter, nehmen Sie diese zwei Teller, diese Serviette, diese Gabeln und Messer weg! Am Familientag sind wir nur acht Personen.

WINTER. Es ist aber gegen strikten Befehl...

PROFESSOR WOLFGANG CLAUSEN. Ich tue es selbst, wenn Sie es nicht tun wollen. Zeigen Sie sich jedoch renitent, so werde ich Ihnen das einmal ankreiden.

Winter entfernt das Gedeck.

PAULA CLOTHILDE. Man soll sich nach oben entwickeln, man soll nicht hinabsinken.

EGMONT *faßt sich an den Kopf.* Beinahe möchte ich glauben, daß jede Familie ein verkapptes Tollhaus ist.

KLAMROTH. Still, das Undenkbare scheint sich nun doch zu ereignen!

Der Geheimrat führt Inken Peters herein.

GEHEIMRAT CLAUSEN, *forciert aufgeräumt.* Guten Morgen! Ihr seid wohl schon ungeduldig?! Plagt euch der Hunger? Was ist die Uhr? Ich habe uns Inken Peters mitgebracht. Wir haben uns, Egert war dabei, mal wieder den kindlichen Spaß gemacht, den Zoologischen Garten aufzusuchen. — Es ist hübsch, Wolfgang, daß du wieder einmal gekommen bist. Schönen guten Morgen, Frau Schwiegertochter! — *Zu Wolfgang.* Was hast du übrigens mit dem Justizrat Hanefeldt zu tun? Er soll dich ja auf dem Bahnhof empfangen haben.

PROFESSOR WOLFGANG CLAUSEN. Eine Jugendfreundschaft, wie du ja weißt.

GEHEIMRAT CLAUSEN. Also etwa wie Geiger und ich. Übrigens ein höchst seltener Fall, da Jugend und Freundschaft meist zugleich schwinden. Also setzen wir uns! — *Er bemerkt das Fehlen Bettinens.* Wo ist Bettine? Wir wollen doch nun mit Essen anfangen. Sage doch Bettine, lieber Egert, daß wir alle versammelt sind! — *Egmont geht ab.* Was bringst du aus Freiburg mit, lieber Wolf?

PROFESSOR WOLFGANG CLAUSEN. Alles wie immer — durchaus nichts Neues.

GEHEIMRAT CLAUSEN, *zu Klamroth.* Die neue Rotationsdruckmaschine arbeitet gut? Aber wir sprechen nach Tisch darüber. — Wenn Bettine nicht kommt, so wollen wir Platz nehmen.

PROFESSOR WOLFGANG CLAUSEN. Ich möchte doch gern auf Bettine warten.

EGMONT *kommt wieder.* Bettine läßt sagen, sie sei nicht so recht auf dem Damm heute. Sie bittet, wir sollen ohne sie anfangen.

GEHEIMRAT CLAUSEN, *mit Betonung zum Sanitätsrat.* Ich lasse Bettine bitten, zu kommen, da sie ja doch die Hausfrau zu vertreten hat. Und dann, lieber Steynitz, sagen Sie mir, was mit ihr ist.

Der Sanitätsrat ab.

EGMONT. Ich glaube, es ist nur die alte Migräne.

INKEN. Herr Geheimrat, würden Sie mir sehr böse sein, wenn ich Sie bäte, mich zu entlassen? Sie wissen, ich bat Sie schon darum. Mutter wartet zu Haus. Sie muß heut irgendeinen Termin wahrnehmen. Der Kindergarten ist bis auf den Onkel ganz allein.

GEHEIMRAT CLAUSEN. Die Gärtnerei hat doch Telephon. Egert, habe die Güte, Frau Peters anzurufen!

INKEN. Ich sagte ja, Mutter hat Termin.

GEHEIMRAT CLAUSEN. Ach ja, Frau Peters muß einen Termin wahrnehmen.

Er wird bleich, holt tief Atem, will reden, blickt vielsagend von einem zum andern, drängt zurück, was ihm auf der Zunge liegt, hüllt sich in Schweigen und geht unter wachsender Ungeduld auf und ab. Plötzlich bleibt er vor Wolfgang stehen.

Kennst du eigentlich Fräulein Inken?

PROFESSOR WOLFGANG CLAUSEN. Nein, das Fräulein wurde mir beim Geburtstag nicht vorgestellt.

GEHEIMRAT CLAUSEN, *mit Betonung*. Man hat dich der jungen Dame noch nicht vorgestellt? Hiermit will ich dich also der Dame vorstellen: das ist mein Sohn Wolfgang, Fräulein Inken!

Der Sanitätsrat und Bettina treten ein.

SANITÄTSRAT STEYNITZ. Ich bringe Ihnen eine Genesene, Herr Geheimrat.

BETTINA. Verzeih, Papa, ich komme gern — ich dachte nur, ich sei nicht mehr notwendig.

GEHEIMRAT CLAUSEN. In welcher Verbindung dachtest du das?

BETTINA. In welcher Verbindung ist schwer zu sagen.

GEHEIMRAT CLAUSEN. Setzen wir uns, später mehr davon! *Alle nehmen Platz, Inken bleibt übrig. Geheimrat Clausen bemerkt es, springt auf.* Was heißt denn das? — Bitte, hier ist mein Platz, Inken.

WINTER. Verzeihung, ich hatte zuerst neun Gedecke aufgelegt.

GEHEIMRAT CLAUSEN. Und? — wo ist es geblieben? Ich meine das neunte?

WINTER. Ich habe es auf Befehl von Herrn Professor Wolfgang... *Schwüle Pause, danach.*

GEHEIMRAT CLAUSEN *schlägt mit der Faust auf den Tisch, daß die Gläser durcheinanderfallen.* Zum Donnerwetter, bringe es her!
Inken huscht schnell ab.

SANITÄTSRAT STEYNITZ. Seien Sie ruhig, um Gottes willen, lieber Geheimrat...

GEHEIMRAT CLAUSEN *kommt zu sich, bemerkt Inkens Abwesenheit.* Wo ist Fräulein Inken hingekommen?

EGMONT. Kein Wunder, wenn sie vor einer so liebenswürdigen Familie geflüchtet ist.

GEHEIMRAT CLAUSEN *in tiefster, gefährlichster Entrüstung.* Eher verlaßt ihr alle, einer wie der andere, das Haus, als daß sie von dieser Schwelle gestoßen wird!
Der Geheimrat geht Inken nach, um sie einzuholen.
Allgemeine Erregung und Betretenheit.

SANITÄTSRAT STEYNITZ. Was habt ihr nun also erreicht, meine Herrschaften?

PROFESSOR WOLFGANG CLAUSEN. Niemand kann von mir verlangen, daß ich in Gegenwart des Bildes meiner seligen Mutter meine Gefühle, meine Empörung, meinen Abscheu unterdrücken soll!

KLAMROTH. Es hat sein Gutes, kann ich nur sagen. Wir haben es ja nun deutlich gehört, was für ein Schicksal uns erwartet.

SANITÄTSRAT STEYNITZ. Ja, das haben Sie deutlich gehört. Und es würde die schwerste Täuschung sein, wenn jemand an dem Nachdruck zweifeln würde, den ein Mann wie der Geheimrat seinen Worten zu geben vermag.

BETTINA *schlägt die Hände vor den Kopf.* Nichts mehr kann ich begreifen — ich bin wie irrsinnig.

PROFESSOR WOLFGANG CLAUSEN. Es ist auch durchaus nicht zu begreifen. Oder können Sie mir sagen, Sanitätsrat, wie aus dem Munde eines Mannes wie unseres Vaters, der nichts Höheres kannte in aller Welt als seine Familie, eine solche Drohung hervorgehen kann?

SANITÄTSRAT STEYNITZ. Er ist aufs schwerste verletzt und gereizt worden.

EGMONT. Trotzdem ist es ein starkes Stück, wenn er alle seine Kinder aus dem angestammten Elternhause hinauswerfen will.

SANITÄTSRAT STEYNITZ *horcht.* Die Peters ist fort — der Geheimrat kommt allein zurück.

PROFESSOR WOLFGANG CLAUSEN. Ich bin gefaßt — ich werde ihm antworten.

Alle haben sich auf einen furchtbaren Zornesausbruch gefaßt gemacht, aber der Geheimrat erscheint völlig verändert, ruhig und unbefangen, als wäre nichts vorgefallen.

GEHEIMRAT CLAUSEN. Wir sind verspätet — nehmen wir Platz!

Alle lassen sich um den Tisch nieder. Winter und ein zweiter Diener beginnen zu servieren. Schweigsam ißt man eine Weile. Endlich beginnt der Geheimrat.

GEHEIMRAT CLAUSEN. Was gibt es Neues aus Genf, Herr Klamroth?

KLAMROTH. In Genf? Das weiß ich im Augenblick wirklich nicht.

GEHEIMRAT CLAUSEN. Ottilie, dein Jüngster hatte Mumps, ist er nun glücklich auskuriert?

OTTILIE. Längst, Papa, seit acht Tagen spielt er schon wieder im Sandhaufen.

GEHEIMRAT CLAUSEN. Hast du die schöne Abhandlung von Doktor August Weismann gelesen, Wolf, der ja bei euch in Freiburg Professor gewesen ist?

PROFESSOR WOLFGANG CLAUSEN. Ich müßte wissen, wovon sie handelt.

GEHEIMRAT CLAUSEN. Wovon sie handelt? Von Leben und Tod.

PROFESSOR WOLFGANG CLAUSEN. Davon handeln wohl alle Schriften.

GEHEIMRAT CLAUSEN. Aber Weismann behauptet, es gibt nur das Leben.

PROFESSOR WOLFGANG CLAUSEN. ... was wohl doch etwas überstiegen ist.

GEHEIMRAT CLAUSEN. Er leugnet den Tod. Er leugnet, daß der Tod zur Fortsetzung und Erneuerung des Lebens die notwendige Unterbrechung ist.

PROFESSOR WOLFGANG CLAUSEN. Die Jugend kann, und das Alter muß sterben.

GEHEIMRAT CLAUSEN. Ich sehe, du verstehst davon nichts. — — Dir ist hoffentlich wieder ganz wohl, Bettine?

BETTINA. Mein Schwächezustand, du kennst ihn ja.

GEHEIMRAT CLAUSEN, *mit verhaltener Erregung, gleichsam stoßweise.* Kopfschmerzen, Herzklopfen, Übelkeit — ich freue mich, daß du wieder in Ordnung bist. — Höre, Egert, du müßtest einmal auf den Spuren Filchners oder Sven Hedins eine Reise tun. Da gibt es einen wandernden See, in der Wüste Gobi liegt er ja wohl, richtig, Lob-nor ist sein Name. Er ist im Laufe der Jahrzehnte vom äußersten Norden der Wüste nach dem äußersten Süden und dann wieder auf demselben rätselhaften Wege nach dem äußersten Norden zurückgereist.

SANITÄTSRAT STEYNITZ. Sven Hedin hat darüber geschrieben.

GEHEIMRAT CLAUSEN, *zu Klamroth.* Können Sie mir sagen, warum der hübsche Artikel nicht in unseren Blättern erschienen ist?

KLAMROTH. Ich kann meine Augen nicht überall haben.

GEHEIMRAT CLAUSEN. Das ist auch nicht nötig. Den Überblick habe ich ja schließlich. Laßt jeden nur seinen Posten ausfüllen.

KLAMROTH. Ich möchte glauben, das tue ich.

GEHEIMRAT CLAUSEN. Hält es an, Bettine?

BETTINA, *verdutzt.* Was meinst du mit anhalten?

GEHEIMRAT CLAUSEN. Dein Wohlbefinden, hält es an?

BETTINA, *mit ihrer Bewegung ringend.* Du meinst vielleicht, daß ich mich verstellt habe. Ich bin auch nur ein Mensch. Das Leben stellt eben, wie auch du dir gewiß nicht verhehlen wirst, manchmal nicht gerade ganz leichte Aufgaben.

GEHEIMRAT CLAUSEN. Gewiß verhehle ich mir das nicht. Übrigens eine Frage, Bettine: Anstand, einfach den gebotenen Anstand zu üben, rechnest du das unter die schweren oder unter die leichten Aufgaben?

BETTINA. Anstand ist für gebildete Menschen gar keine Aufgabe. Er ist etwas, was sich von selbst versteht.

GEHEIMRAT CLAUSEN. Und ihr, Bettine, ihr seid gebildet?

BETTINA. Ich denke doch, daß du unserem Kreise Bildung nicht absprechen wirst.

GEHEIMRAT CLAUSEN. Zu deutsch: eine gute Kinderstube ... — wenn es auch Leute gibt, die auf schiefgerücktem Stuhle sitzen und meistens mit dem Ellenbogen auf der Tischplatte sind. *Klamroth, der so sitzt, nimmt langsam den Ellenbogen von der Tischplatte und rückt den Stuhl zurecht.* Nein, ich spreche euch Bildung nicht ab. Nur hat eure Bildung einige Lücken. Es sind dieselben, die auch euer Anstand hat. — Reden wir lieber von etwas anderem! — Ich habe einmal die Idee gehabt, in aller Form abzudanken. Wie würden Sie sich einem solchen Schritt gegenüber verhalten, Herr Schwiegersohn?

KLAMROTH. Bei so etwas würde ich kaum in Betracht kommen. Es würde höchstens Ottilie angehen.

GEHEIMRAT CLAUSEN. Wer unter euch wäre, wenn ich das Meine wie jener alte törichte König verteilte, Cordelia?

EGMONT. Ich finde, du neigst zum Humor, Papa.

GEHEIMRAT CLAUSEN. Ich setzte den Fall, ich würde abdanken.

PROFESSOR WOLFGANG CLAUSEN. Du darfst nicht abdanken, lieber Papa.

GEHEIMRAT CLAUSEN. Du bist der Ansicht, ich dürfe nicht abdanken?

PROFESSOR WOLFGANG CLAUSEN. Von geschäftlichen Dingen verstehe ich nichts. Es ist bis heute noch niemand da, der deine Kraft ersetzen könnte.

GEHEIMRAT CLAUSEN. Das muß ich leider vollauf bestätigen.

BETTINA, *bewegt.* Ich wünschte, du hättest den vollen Einblick in unser Inneres, Papa, da würdest du sehen, wie wir gar nicht zu denken sind ohne dich! Du weißt nicht, wie mein Herz für dich zittert. Du bist unser allerhöchster Schatz: nur wollen wir diesen Schatz nicht einbüßen.

PROFESSOR WOLFGANG CLAUSEN. Was wir wollen, ist nichts als Beruhigung. Zerstreue die Sorgen, die uns ängstigen! Du kannst es mit einem herzlichen Wort: Ich bin verheiratet, habe Kinder, Ottilie hat Kinder: wir bangen für unsere Existenz, weil es uns scheint, daß du dich uns entfremdet hast.

GEHEIMRAT CLAUSEN. Darf ich euch alle fragen, wer mir die Sorgen um meine Existenz zerstreuen wird?

KLAMROTH. Die Zeiten sind schwer, Herr Geheimrat. Zu ernsten Sorgen um den Bestand des alten guten Geschäftes ist trotzdem nicht der geringste Anlaß vorhanden. Vielleicht entspricht mein Wirken nicht immer dem, was genau in Ihrer Linie liegt; für das Ganze kann ich indessen gutstehen. — Im übrigen weiß ich, was ich zu tun habe. Mein

Denken, mein Handeln, meine Stellung im ganzen Betrieb — darüber kann kein Zweifel bestehn — hat meinen unerschütterlichen Willen als Grundlage.

GEHEIMRAT CLAUSEN. Ich verstehe durchaus die Bedeutung dieser Erklärung, Herr Schwiegersohn. Haben Sie eigentlich schon Ihre Anwälte?

KLAMROTH, *wischt sich den Mund mit der Serviette, steht erregt auf und geht umher*. Da hört sich denn doch wirklich alles auf. Eine solche Insinuation muß man sich einstecken!

BETTINA, *vermittelnd*. Erich, wir wollen uns doch nicht aufregen. Es handelt sich doch nur darum, ob Papas Gesinnung gegen uns noch die alte ist, ob wir mit seiner väterlichen Liebe nach wie vor zu rechnen haben. Vielleicht sagt er uns, wie er sich die Zukunft denkt — alles natürlich in Güte und Liebe.

GEHEIMRAT CLAUSEN. Ach, sprichst du von Liebe und Güte, Kind?

KLAMROTH. Was ich berührte, waren geschäftliche Dinge. In geschäftlichen Dingen, Bettine, herrscht Sachlichkeit. Man kann da mit Liebe und Güte nichts ausrichten.

GEHEIMRAT CLAUSEN. Ihre Kampfansage, Herr Klamroth, registriere ich. Sie macht mir aber durchaus keine Kopfschmerzen.

KLAMROTH. Von einer Kampfansage bin ich einstweilen noch sehr weit entfernt, Herr Geheimrat.

GEHEIMRAT CLAUSEN. Ihr »einstweilen noch« wird zu den Akten genommen.

EGMONT. Um des Himmels willen, es besteht doch überhaupt kein Kampf zwischen uns. Wir sind überzeugt, du hast nach wie vor in bezug auf uns die reinsten, väterlichsten Absichten.

GEHEIMRAT CLAUSEN. Du würdest mich ebenso ehren, wenn du mir das Zeugnis ausstelltest, ich sei kein Keiler, der seine Jungen frißt.

PROFESSOR WOLFGANG CLAUSEN. Wir wollen ja nur ins Vertrauen gezogen sein, damit wir nicht im Dunkel herumtappen.

GEHEIMRAT CLAUSEN. Das wäre sicherlich längst geschehen, aber ich habe kein Bedürfnis dazu gefühlt.

PROFESSOR WOLFGANG CLAUSEN. So hältst du uns deines Vertrauens für unwürdig? Eine solche Kränkung hat keiner von uns verdient.

PAULA CLOTHILDE. Mit einem solchen Ausspruch verweist uns Papa in die Domestikenzimmer.

GEHEIMRAT CLAUSEN *steht auf, in einem Jähzornanfall erblassend.* Ja, ja und ja, weil ihr dorthin gehört! weil ihr, nach dem, wie ihr dieses schuldlose Mädchen und euren Vater soeben behandelt habt, dorthin gehört! Woher nehmt ihr das Recht zu eurem unverschämten Verhalten? Etwa daraus, daß ihr anspruchsvolle, verwöhnte, unter Sorgen und Mühen eurer Eltern großgepäppelte Bälger seid? Wollt ihr euren Erzeuger, Kinderwärter, Ernährer und Beschützer schulmeistern? Wollt ihr das Vierte Gebot umstülpen und: Entehre Vater und Mutter! dafür setzen? Denn auch die Mutter habt ihr in mir entehrt! Bin ich euer Geschöpf? euer Gegenstand? euer Eigentum? Oder aber ein freier Mensch mit dem Recht auf freie Entschließungen? Habt ihr, was mich betrifft, das Recht der Inquisition? oder ein Züchtigungsrecht? Seid ihr befugt, mir meine Schritte vorzuschreiben, Spürhunde auf meine Fährten zu legen und mich heimlich wie einen Verbrecher polizeilich zu kontrollieren? Aber bildet euch nicht ein, daß ich es dulden werde, wenn ihr euch, euren Vater betreffend, eine Macht über Tod und Leben anmaßet!

KLAMROTH. Wir maßen uns keine Macht über Tod und Leben an, aber wir können nicht ruhig zusehen . . .

BETTINA. Vater, Vater, sieh Mutters Bildnis an . . .

GEHEIMRAT CLAUSEN. Treibt keinen Mißbrauch mit etwas Heiligem!

PROFESSOR WOLFGANG CLAUSEN. Das nenne ich Mißbrauch, wenn man die Tochter eines Menschen, der sich im Gefängnis entleibt hat, über diese geheiligte Schwelle bringt.

BETTINA. Papa, mir zerbricht das Herz — aber denke an Mutters Schmuckstücke . . .

GEHEIMRAT CLAUSEN, *mit geballten Fäusten.* Hinaus, auf der Stelle, mit euch allen!

EGMONT. Aber guter Papa . . .

PROFESSOR WOLFGANG CLAUSEN. Ja, tausendmal lieber, wenn

es sein müßte, ins Elend hinaus mit Weib und Kindern, als
eine solche Behandlung noch länger aushalten.

KLAMROTH. Ja, tausendmal lieber ins Elend hinaus! Übrigens
habe ich in mir genügend Kraft, um es von mir und den
Meinen abzuhalten. Darum wird man den Zeiger der Uhr
nicht zurückdrehen! Ich habe nicht nötig, meine Kräfte im
Dienst eines sinkenden Schiffes aufzureiben.

GEHEIMRAT CLAUSEN. Das haben Sie auch nicht nötig. Hinaus!
Hinaus! Hiermit entziehe ich Ihnen alle Vollmachten! Pak-
ken Sie Ihre Sachen! Packt eure Sachen! Hinaus! hinaus!
Alle verlassen ihn, bis auf den Sanitätsrat.

SANITÄTSRAT STEYNITZ. Mein lieber, alter, verehrter Freund...

GEHEIMRAT CLAUSEN *legt ihm die Hände auf die Schultern.*
Ich lasse mir nicht das Lebenslicht ausblasen!

VIERTER AKT

*Spielt in der ersten Hälfte des November. Die gleichen Räume
wie im ersten und dritten Akt sind der Schauplatz. Es ist
vormittags gegen elf Uhr, die elektrischen Lampen brennen.
Professor Geiger sitzt beim Frühstückskaffee. Sanitätsrat
Steynitz tritt ein.*

SANITÄTSRAT STEYNITZ. Bitte sehr um Verzeihung, ich ahnte
von Ihrem Hiersein nichts.

PROFESSOR GEIGER. O ja, ich bin gestern abend eingelaufen.

SANITÄTSRAT STEYNITZ. Ich wußte nur, daß Sie mit recht er-
heblicher Ungeduld vom Geheimrat erwartet worden sind.

PROFESSOR GEIGER. Er hat mir geschrieben, er wolle mich
sprechen.

SANITÄTSRAT STEYNITZ. Darf ich Ihnen nur kurz die Hand
drücken...

PROFESSOR GEIGER. Oh, ich bin erfreut, Sie zu sehen. Sie
werden mir sagen können, weshalb mir bis jetzt hier im
Haus weder Bettina noch Egert noch irgendein Familien-
mitglied begegnet ist. Mit Matthias habe ich gestern abend
nur flüchtig gesprochen.

SANITÄTSRAT STEYNITZ. Wie fanden Sie den Geheimrat?

PROFESSOR GEIGER. Oh, ich sah ihn nur einen Augenblick. Er guckte nur aus der Schlafzimmertür. Wie mir vorkam, war er wie immer.

SANITÄTSRAT STEYNITZ. Der Geheimrat hat vielleicht etwas eingelegt. Das würde mich aber nicht weiter bekümmern ... Ich habe Sorgen, die ernster sind.

PROFESSOR GEIGER, *schmunzelnd*. Sie meinen — etwas fatale Sachlage?!

SANITÄTSRAT STEYNITZ. Daran hat man sich nun schon gewöhnt, an die Sachlage.

PROFESSOR GEIGER. Es ist doch nicht wahr, daß die Kleine im Hause wohnt?!

SANITÄTSRAT STEYNITZ. Fräulein Peters wohnt in der Tat schon seit Wochen im Hause.

PROFESSOR GEIGER, *aufgeräumt*. So?! Immerhin eine Situation, die — meinen Sie nicht? — etwas kitzlig ist.

SANITÄTSRAT STEYNITZ. Die Situation ist ungewöhnlich.

PROFESSOR GEIGER *blitzt ihn mit großen Augen belustigt an*. Wir einigen uns auf ungewöhnlich. Schön! Wir bleiben bei ungewöhnlich. Es steht für uns beide jedenfalls fest, daß die Lage ungewöhnlich ist. Oder finden Sie sie nicht ungewöhnlich? Ich lebe in England, wo so etwas ganz und gar ungewöhnlich ist.

SANITÄTSRAT STEYNITZ. Bei uns ist es ebenso ungewöhnlich. Seit Wochen nährt sich fast ausschließlich von diesem Umstand der Klatsch und Tratsch unserer Stadt.

PROFESSOR GEIGER, *wie vorher*. Und das ist keineswegs ungewöhnlich. Doktor, können Sie mir nicht einen Wink geben — ich bin nämlich grenzenlos ungeschickt —, haben Sie eine Ahnung, welcher Art meine Funktionen bei dieser heiklen Geschichte sein sollen?

SANITÄTSRAT STEYNITZ. Der Geheimrat braucht einen Bundesgenossen. Schließlich hat er ja doch mit fast allem gebrochen, woraus sein bisheriges Leben bestanden hat.

PROFESSOR GEIGER. Mit wem hat er also zum Beispiel gebrochen? Ich bin so unwissend wie ein Kind.

SANITÄTSRAT STEYNITZ. Zunächst hat er mit seinen Kindern gebrochen.

PROFESSOR GEIGER. Aber doch wohl mit Bettine nicht?

SANITÄTSRAT STEYNITZ. Bettine hat mit dem Vater gebrochen. Er spricht nicht von ihr, und er sieht sie nicht.

PROFESSOR GEIGER. Ich verstehe natürlich Bettinen aus Taktgründen. — Es ist mir überhaupt unerfindlich, warum mein alter Freund Clausen diesen heiklen Schritt nicht vermieden hat, der doch leicht zu umgehen gewesen wäre und die Öffentlichkeit ganz zwecklos herausfordert.

SANITÄTSRAT STEYNITZ. Das sollte er eben, er sollte herausfordern! Der Geheimrat bevorzugt jetzt einen gewissen Radikalismus bei all seinen Maßnahmen.

PROFESSOR GEIGER. Und das tut er . . . weshalb? Was hat er dabei für Absichten?

SANITÄTSRAT STEYNITZ. Außer daß er, wie ich glaube, seinem kaltgestellten Schwiegersohn den Meister zeigen will, möchte er wohl der Welt im allgemeinen, bevor er sich zurückzieht, die Wahrheit geigen.

PROFESSOR GEIGER. Er wirft ihr den Fehdehandschuh hin, und mich will er dabei zum Bundesgenossen? Dazu bin ich wohl kaum der rechte Mann.

SANITÄTSRAT STEYNITZ. Der Geheimrat unterschätzt seine Gegnerschaft. Sein Schwiegersohn ist zu allem entschlossen. Die Kinder, die sich verstoßen glauben, schwimmen durchaus in seinem Fahrwasser.

PROFESSOR GEIGER. Matthias hat diesem Manne nie getraut, dafür könnte ich Ihnen Belege beibringen. Darum hat er ihn auch wohl hinausgeworfen.

SANITÄTSRAT STEYNITZ. Zu spät, denn außer Gefecht gesetzt ist der Mann eben trotzdem nicht.

PROFESSOR GEIGER. Will mein Freund nun durchaus dieses Mädchen heiraten?

SANITÄTSRAT STEYNITZ. Das ist meines Wissens sein fester Entschluß.

PROFESSOR GEIGER. Dann soll er es tun und nicht lange fackeln. Gegen eine vollendete Tatsache hilft schließlich alles Protestieren und Intrigieren nichts.

SANITÄTSRAT STEYNITZ. Vorausgesetzt, die Machenschaften der Gegner sind noch nicht bis zu einem gewissen Punkte fortgeschritten.

PROFESSOR GEIGER. Und was wäre der Punkt?

SANITÄTSRAT STEYNITZ. Ich weiß es nicht ... Was man tuscheln hört, scheut man sich auszusprechen.

PROFESSOR GEIGER. Und doch wäre es gut, mich ins Bild zu setzen.

SANITÄTSRAT STEYNITZ. Unkontrollierte Gerüchte sprechen von einem Unschädlichmachen durch Entmündigung.

PROFESSOR GEIGER. Na ja, Gerüchte, das sind Gerüchte! Sie glauben doch selbst im Ernst an solchen Unsinn nicht.

SANITÄTSRAT STEYNITZ. Ich glaube es — und ich glaube es nicht. Ein Versuch könnte immerhin wohl gemacht werden.

PROFESSOR GEIGER. ... meinen Freund Matthias zu entmündigen, der so gesund ist und so zurechnungsfähig wie Sie und ich? Da müßte man doch wohl Gründe ins Feld führen.

SANITÄTSRAT STEYNITZ. Wo keine Gründe sind, gibt es Behauptungen.

PROFESSOR GEIGER. Was um Gottes willen behauptet man?

SANITÄTSRAT STEYNITZ. Wie die Schablone nun eben ist. Trifft es einen Menschen von siebzig, so hilft ja das allgemeine Vorurteil. Zum Beispiel aus Gründen des Alters, Schwächung der geistigen Kapazität und so fort.

PROFESSOR GEIGER. Da möchte ihnen Matthias wohl heimleuchten! Also wenn einer im Alter nochmals heiraten will und seinen Erben paßt das nicht, erklärt man ihn kurzerhand für schwachsinnig?! Da müßte man ja das Vermögen verfluchen, das man seinen Kindern erarbeitet hat!

SANITÄTSRAT STEYNITZ. Es ist nicht alleine von wegen des Heiratens: er ist mit der Kleinen nach der Schweiz gereist und hat sich in Arth bei Goldau eine Besitzung gekauft.

PROFESSOR GEIGER. Zum Donnerwetter, er hätte doch sollen gleich dort bleiben!

SANITÄTSRAT STEYNITZ. Etwas anderes hat wohl noch mehr böses Blut gemacht. Der Geheimrat ist Bildersammler. Etwa zwei Dutzend der besten Niederländer, die er aus irgendeinem Grunde nicht zeigen wollte, standen seit Jahren im Souterrain unausgepackt. Unlängst wurden sie nach der Schweiz verfrachtet.

PROFESSOR GEIGER. Warum soll Matthias sich keine Besitzung in Arth kaufen? Warum soll er sie nicht mit seinen Bildern ausschmücken? Seine Mittel erlauben ihm das.

SANITÄTSRAT STEYNITZ. Außer daß man ihm dann noch vorwirft, er vergeude den Familienschmuck, gibt es einen dritten Umstand, der die Familie am meisten aufstachelt: er verhandelt wegen Verkaufs der ganzen Firma mit einem Konsortium.

PROFESSOR GEIGER. Ist das ein Verbrechen? Darf er das nicht? Er wird es doch wohl für opportun halten!

SANITÄTSRAT STEYNITZ. Es ist meiner Ansicht nach das einzige, was bei einer so gearteten Nachkommenschaft zu geschehen hat.

PROFESSOR GEIGER. Aber wie will man ihn dann entmündigen?

SANITÄTSRAT STEYNITZ. Durchdringen werden sie wohl auch nicht. Schlimm ist nur, daß jemand, gegen den der Richter das Verfahren auch nur einleitet, solange die Untersuchung dauert, de facto bereits entmündigt ist. Diesen Schlag würde der Geheimrat nicht aushalten.

PROFESSOR GEIGER. Und von alledem ahnt er nichts?

SANITÄTSRAT STEYNITZ. Er ist weltweit entfernt von solchen Gedanken ... Der Geheimrat kommt, entschuldigen Sie mich! *Steynitz schnell ab.*

Geheimrat Clausen tritt mit schnellen elastischen Schritten ein.

GEHEIMRAT CLAUSEN. Verzeih, ich habe dich warten lassen. Wenn man, wie ich, sozusagen sein Haus bestellt, gibt es unendlich viel zu bedenken. Sei willkommen, mein lieber Freund! Du mußt mir in vieler Hinsicht deinen Rat geben.

PROFESSOR GEIGER. Ich höre, du willst in die Schweiz übersiedeln?

GEHEIMRAT CLAUSEN. Sage lieber: auf einen anderen Planeten, mein Freund.

PROFESSOR GEIGER *lacht.* Mit dem Raketenflugzeug vielleicht?! — Du hast Liegenschaften in Arth gekauft?

GEHEIMRAT CLAUSEN. Ein altes Schweizer Bürgerhaus — wir lassen es umbauen —, das in einem großen Park am See gelegen ist. Inken ist ganz glückselig darüber.

PROFESSOR GEIGER. Ich sehe mit Freuden, daß du in einer zuversichtlichen Stimmung bist.

GEHEIMRAT CLAUSEN. Sag mir, weshalb ich zaghaft sein sollte!

PROFESSOR GEIGER. Du gehst auf Freiersfüßen, willst heiraten?

GEHEIMRAT CLAUSEN. In meinem neuen Lexikon steht zwar das banale Wort »heiraten« nicht, in der Tat aber will ich das Verhältnis mit meiner Freundin bald legitimieren.

PROFESSOR GEIGER. Und warum hast du so lange gewartet damit?

GEHEIMRAT CLAUSEN. Bedenke, was bei einem so verzweigten Dasein wie dem meinen alles vorher ins reine zu bringen und abzuwickeln ist!

PROFESSOR GEIGER. Freilich, freilich, da wirst du wohl recht haben. Bist du mit deinen Kindern einig?

GEHEIMRAT CLAUSEN. Die Frage, ob ja, ob nein, interessiert mich nicht. Ich bin jedenfalls mit mir selber einig. Beiläufig wäre etwas zu sagen: solange die Kinder in der Welt sind, habe ich ihnen zu dienen gesucht. Nie habe ich eigentlich etwas von ihnen erwartet, aber am allerwenigsten freilich das, was sich nun ergeben hat. Und nun will ich dir Inken Peters vorstellen. Inken, komm doch bitte herein!

PROFESSOR GEIGER. Flüchtig kennen wir uns ja wohl.

GEHEIMRAT CLAUSEN. Richtig: von Broich — das hatt' ich vergessen.

Inken Peters tritt ein.

INKEN. Sie erinnern sich meiner von Broich, Herr Professor. Wir sind glücklich, daß Sie gekommen sind.

PROFESSOR GEIGER, *jovial.* O wirklich?! Wie komme ich aber bloß zu dieser Unentbehrlichkeit?

INKEN. Herr Professor, das hat seine guten Gründe. Hier haben wir nämlich ein großes Kind, das allerlei Stimmungswechseln unterworfen ist.

Sie legt ihren Arm um den Geheimrat.

GEHEIMRAT CLAUSEN. Setz dich, Inken! Hoffentlich hast du noch können ein Stündchen nachschlafen. — Sie läßt sich's nicht nehmen, mir vorzulesen, wenn ich, wie hier manchmal, schlaflos bin.

INKEN. Er schläft wie ein Bär, sobald er auf Schweizer Boden ist. In dem kleinen Hotel am Zuger See, von dem aus wir unseren Umbau betreiben, ist Matthias ein anderer Mensch. Hier unterliegt er dann wieder gewissen Anfällen.

PROFESSOR GEIGER. Es ist auch wohl keine Kleinigkeit, den

Baum aus einem Boden zu nehmen, in dem er fünfund-
vierzig Jahre und länger seine Wurzeln verbreitet hat.

GEHEIMRAT CLAUSEN. Lieber Geiger, du mußt mit uns nach
Arth reisen! Einen schöneren Winkel wie unser Grund-
stück am Zuger See gibt es nicht. Unvergeßliche Tage, die
wir erlebt haben!

INKEN. ... an deren Wirklichkeit, wenn man nur eine
Woche hier lebt, kaum noch zu glauben ist.

GEHEIMRAT CLAUSEN. Geiger, du solltest Inken am Zuger
See sehen, wie sie den Frosch mit der Hand aus der Regentonne nimmt, den Igel auf dem Frühstückstisch seinen
Spaziergang machen läßt, im Garten jätet, sät und pflanzt
oder das alte Fischerboot in den See rudert!

INKEN. Und, Herr Professor, Sie sollten Matthias am Zuger
See sehen!

GEHEIMRAT CLAUSEN. Freilich bin ich ein anderer dort: ich
würde mich sonst wohl nicht Tag und Nacht dahin wünschen.

PROFESSOR GEIGER. Wirst du es denn in der Stille aushalten,
wo du von den gewohnten Aktivitäten deiner einstigen
Welt abgeschnitten bist?

GEHEIMRAT CLAUSEN *weist auf das Schachbrett*. Du meinst die
Elefanten, Pferdchen und Bauern und so weiter meiner
Schachhölle? Ich berufe mich einfach auf das, was ich dir
bei deinem letzten Hiersein gesagt habe. Nein, daß mich
dieser Kampf aller gegen alle noch einmal reizen könnte,
fürchte ich nicht. Und übrigens: die menschliche Seele hat
zwei Kräfte, eine aktive und eine kontemplative, wie ein
alter Weiser sagt. Durch jene schreitet man vorwärts, durch
diese aber kommt man zum Ziele.

PROFESSOR GEIGER. Wird man dich in der Schweiz denn noch
besuchen dürfen?

GEHEIMRAT CLAUSEN. Du ja, lieber Geiger, »man« aber
nicht — da ja doch die Mehrzahl meiner jetzigen Bekannten
dann für mich überhaupt nicht mehr ist. Ich würde sie gar
nicht wiedererkennen. Natur, Kunst, Philosophie und
Inken: diese vier Dinge sind mir genug. — Inken liebt
mich — kannst du dir das Unmögliche vorstellen?

PROFESSOR GEIGER. Das ist nicht nötig, wenn der Augenschein
schließlich so deutlich spricht.

GEHEIMRAT CLAUSEN. Sie leiht mir ihr Auge, ihre Jahre, ihre Frische, ihr magnetisches und elektrisches Fluidum. Ihre gesunden Atemzüge, die ich gelehrig nachahme, machen mich leicht, frei und heimisch in der miasmenfreien Bergesluft. — Lieber Geiger, du magst mir gratulieren.

PROFESSOR GEIGER. Das tu' ich von Herzen, und sogar einen leichten Anflug von Neid leugne ich nicht.

GEHEIMRAT CLAUSEN. Jawohl, man hat Grund, mich zu beneiden. *Dr. Wuttke wird sichtbar.* Entschuldigt mich einen Augenblick.

Er geht auf Wuttke zu, nimmt ein Schriftstück entgegen, und beide entfernen sich.

Professor Geiger und Inken Peters allein.

PROFESSOR GEIGER. Ich habe von Matthias einen unerwartet guten Eindruck gehabt. Förmlich fällt mir ein Stein von der Seele.

INKEN. Warum hat es Sie aber überrascht?

PROFESSOR GEIGER. Oh, das war nur so obenhin gesagt. Immerhin sind es ja doch Konflikte, in die Matthias geraten ist.

INKEN. Herr Professor, sind Sie auf unserer Seite?

PROFESSOR GEIGER. Ich glaube wohl, daß mein Freund Matthias das mit Recht voraussetzen kann.

INKEN. Dann helfen Sie mir, ihn aus dieser Umgebung fortbringen: sie übt einen schlechten Einfluß auf ihn.

PROFESSOR GEIGER. Ich könnte mir denken, daß Sie recht haben.

INKEN. Ich bleibe hier, und ich bleibe dort: ich gehöre so oder so zu Matthias. Aber diese Mauern, diese alten Stuckdecken, diese roten Damastbespannungen, diese staubige Verstorbenheit, oder was es sonst ist, legt sich auch mir auf die Lungen.

PROFESSOR GEIGER. Sie haben das alte Haus nicht gern?

INKEN. Ich hasse das Haus, und das Haus haßt mich.

PROFESSOR GEIGER. Hören Sie etwas von den Kindern?

INKEN. Nein, begreiflicherweise nichts. Aber natürlich: sie sind zu fürchten. *Winter erscheint. Er trägt einen Brief durchs Zimmer.* Was ist?

WINTER. Ein Brief vom Administrator Hanefeldt. Eben hat ihn ein Bote abgegeben.

INKEN. Geben Sie her, ich besorge ihn. *Winter kommt, sie*

nimmt den Brief vom Tablett. Zu Geiger. Kennen Sie den Justizrat Hanefeldt? Ich bekomme immer ein leichtes Friesel bei solchen Briefen.

PROFESSOR GEIGER. Hanefeldt ist doch der Administrator von Broich, wo Sie mit Ihrer Mutter gelebt haben?

Inken riecht den Brief an und wendet ihn nach allen Seiten.

WINTER. Eigentlich sollte der Bote ihn selber abgeben.

INKEN. Eigentlich oder uneigentlich: es würde mich trotzdem nichts hindern, ihn aufzumachen, wenn ich glaubte, er enthielte für Matthias eine Unannehmlichkeit.

WINTER. Also werden das gnädige Fräulein das Schreiben abgeben?

INKEN. Aber sicher, Herr Winter, das werde ich.

PROFESSOR GEIGER. Wenn ich nicht irre, steht er auf seiten der Geschwister, dieser Hanefeldt.

WINTER *nimmt sich heraus, sehr bedeutsam zu nicken.* Ganz und gar, ganz und gar, Herr Professor. — Und wer weiß, was für ein schrecklicher Giftstoff in dem Briefkuvert enthalten ist! — Wären der Herr Professor doch früher gekommen!

PROFESSOR GEIGER. Und warum das?

WINTER. Weil Sie der einzige sind, der auf Fräulein Bettina und Herrn Wolfgang Einfluß hat.

INKEN *ist aufgestanden.* Was soll es denn schließlich sein?! Hier sieht man ja täglich und stündlich Gespenster.

Sie entfernt sich, um den Brief abzugeben. Professor Geiger und Winter sind zurückgeblieben. Professor Geiger ist aufgestanden und geht, mit einem Entschluß ringend, hin und her.

PROFESSOR GEIGER, *plötzlich zu Winter.* Können Sie mir sagen, wo Fräulein Bettina zu finden ist?

WINTER. Auf dem Gut ihrer Tante, von hier aus anderthalb Stunden Autofahrt.

PROFESSOR GEIGER. Ist ein Auto frei? Könnte man nicht hinausfahren?

WINTER *sieht den Professor lange an, verfärbt sich bis an die Nasenwurzel und bringt leise hervor.* Ich fürchte, es ist zu spät, Herr Professor.

PROFESSOR GEIGER. Sie fürchten, Herr Winter? Wissen Sie denn, was ich vorhabe?

WINTER. Ich glaube ja. Acht Tage früher konnte vielleicht eine Rettung noch möglich sein.

PROFESSOR GEIGER. Rettung? Was für ein Wort, Herr Winter?

WINTER. Wünschen Sie, daß ich schweige, Herr Professor, oder soll ich Ihnen anvertrauen, was zu meinen Ohren gekommen ist?

PROFESSOR GEIGER. Natürlicherweise anvertrauen! Soll ich irgendwie helfen, so ist das notwendig.

WINTER. Herr Direktor Klamroth regiert wieder im Verlagshause.

PROFESSOR GEIGER. Der Schwiegersohn? Woher wissen Sie das?

WINTER. Von dem Boten, der eben mit dem Briefe von Justizrat Hanefeldt gekommen ist. Er hat, wie es heißt, von Gerichts wegen die Ermächtigung.

PROFESSOR GEIGER. Das sind wohl leere Gerüchte, Herr Winter.

WINTER. Nein. Ich ging gleich ans Telephon. Ich bekam Verbindung mit dem ehemaligen Büro des Geheimrats. Das war leider die Bestätigung. Hier Direktor Klamroth, wer dort, kam die bekannte Stimme.

PROFESSOR GEIGER. Und was schließen Sie weiter aus dieser befremdlichen Sachlage?

WINTER. Was ich da weiter schließen soll, weiß ich nicht.

PROFESSOR GEIGER. Jedenfalls für den Geheimrat nichts Gutes.

WINTER. Wenn man nur wüßte, wie das alles so weit gekommen ist! Da kann man nur sagen: gut, daß die da — *er weist auf das Bild der verstorbenen Frau* — es nicht mehr erleben muß! *Er geht ab. Der Geheimrat, begleitet von Inken und Dr. Wuttke, tritt wieder ein.*

GEHEIMRAT CLAUSEN. Man kommt nicht mehr zu sich selber, mein Bester. Da meldet sich ein gewisser Justizrat Hanefeldt. Das Konsortium hetzt ihn mir auf den Hals, wie es scheint. Er hat es eilig. Ich glaube, man versucht es vor dem endlichen Abschluß noch mit einigen Schröpfköpfen. Die Leute sind zäh. Doch sie täuschen sich gründlich, wenn sie mich für den Dummen halten. Erzielen wir keine Einigung — nun gut, so eilig habe ich es nicht.

PROFESSOR GEIGER. Gibt es denn zur Verständigung mit

deinen Kindern gar keine Möglichkeit? Ich meine so, daß
der Besitz erhalten bliebe?

GEHEIMRAT CLAUSEN. Klöße werden geboren von Köchen,
Klöße haben keinen Sinn für Verantwortung. Meine Kinder
freilich wären imstande, von sich zu glauben, sie besäßen
Eigenschaften, wie sie für die Leitung eines solchen Be-
triebes notwendig sind. Sie würden aber nichts weiter tun,
als sich ihrem Schwager Klamroth ausliefern, und diesen
Menschen kenne ich. Trotz der geborenen von Rübsamen
würden meine Söhne und Töchter sehr bald von ihm zu
einer Art Almosenempfänger herabgedrückt und erniedrigt
sein. *Winter bringt eine Karte. Geheimrat Clausen, indem er
die Karte liest.* Hanefeldt! — Ich lasse bitten. — Ihr werdet
mich fünf Minuten allein lassen.

INKEN *wollte sich mit Geiger und Wuttke entfernen. In einer
plötzlichen Anwandlung kehrt sie um und ergreift die Hand
des Geheimrats.* Matthias, soll ich nicht lieber hierbleiben?

GEHEIMRAT CLAUSEN. Aber warum denn, was hast du denn?

INKEN. Dann versprich mir, was er dir immer auch zumutet:
bleibe du selbst! behalte den Kopf oben!

GEHEIMRAT CLAUSEN. Hast du je etwas anderes bei mir er-
lebt? *Inken, Wuttke und Geiger ab. Der Geheimrat geht in
Erwartung auf und ab. Justizrat Hanefeldt tritt ein.
Der Geheimrat, auf ihn zu.* Was verschafft mir die Ehre
Ihres Besuchs? Wollen Sie, bitte, gefälligst Platz nehmen!
Beide nehmen Platz. Rauchen Sie?

JUSTIZRAT HANEFELDT. Mitunter, aber bitte jetzt nicht.

GEHEIMRAT CLAUSEN. Ich rauche ja, wie Sie wissen, überhaupt nicht. Darf ich nun fragen, weshalb Sie gekommen
sind?

JUSTIZRAT HANEFELDT. Lassen Sie mich methodisch vorgehen!

GEHEIMRAT CLAUSEN. Wir haben Zeit, ich dränge Sie nicht.

JUSTIZRAT HANEFELDT *tupft sich die Stirn.* Sie wollen entschuldigen, wenn ich zu spät komme. Ich hatte auf dem
Gericht zu tun. Ich hätte telephonieren können, aber ich
wollte die Dinge nicht weiter hinauszögern, besonders um
Ihretwillen nicht! Steht man vor einer Schwierigkeit, so soll
man ihr eben zu Leibe gehen, um so schnell wie möglich
hindurchzukommen.

GEHEIMRAT CLAUSEN. Durchaus meine Ansicht. Sie machen mich neugierig.

JUSTIZRAT HANEFELDT. Haben Sie eine Vermutung, weshalb ich gekommen bin? *Er sucht es durch einen Blick zu ergründen.*

GEHEIMRAT CLAUSEN. Waren Sie je Untersuchungsrichter? Der Blick, Herr Justizrat, den Sie mir eben geschenkt haben, hat mir die Frage nahegelegt. Sind Ihre Augen nun wirklich durchdringend, so können Sie nicht den geringsten Zweifel darüber haben, daß ich über den Grund Ihres Kommens völlig im Dunkel bin.

JUSTIZRAT HANEFELDT. Wirklich, ich könnte es mir kaum vorstellen.

GEHEIMRAT CLAUSEN. Was tut's, Sie werden mich ja ins Bild setzen.

JUSTIZRAT HANEFELDT. Mit der Tür ins Haus fallen möchte ich nicht.

GEHEIMRAT CLAUSEN. Was heißt das, mit der Tür ins Haus fallen? Sie werden doch wissen, warum Sie gekommen sind. Sie brauchen es mir doch nur einfach mitzuteilen. Es ist also eine Schwierigkeit. An Schwierigkeiten ist man gewöhnt. Ihr Rat ist gut: gehen wir ihr zu Leibe!

JUSTIZRAT HANEFELDT. Ich habe die Sache übernommen, weil ich mir sagte, daß sie in meinen Händen am besten aufgehoben ist. Lange habe ich mich geprüft und bin endlich zu dem Schluß gekommen, daß niemand anders als ich so zum . . . sagen wir: Treuhänder beider Parteien geeignet ist. Und so, in dem Sinne, meine ich, wollen Sie meine nicht gerade leichte Mission auffassen.

GEHEIMRAT CLAUSEN. Es wäre möglich, daß Sie in letzter Stunde von meinem Kontrahenten in der Umwandlungssache meiner Betriebe bemüht worden sind. Hier freilich wäre mein letztes Wort gesprochen und alles Weitere ohne Belang.

JUSTIZRAT HANEFELDT. Die Umwandlungssache betrifft es nicht, sondern die Unstimmigkeit mit Ihren Kindern.

GEHEIMRAT CLAUSEN *wird blaß, erregt sich.* Unstimmigkeiten zwischen mir und meinen Kindern gibt es nicht: meine Kinder benehmen sich skandalös, und ich ziehe daraus die Folgerungen, das ist alles, was hier zu sagen ist.

JUSTIZRAT HANEFELDT. Niemand kann mehr bedauern als ich, daß es so weit gekommen ist. Sie sind als versöhnlicher Mann bekannt, und es wäre nicht schwer gewesen, auch in dem Falle mit Ihren Kindern ein friedliches Resultat zu erzielen mit dem an Ihnen oft gerühmten Geist der Versöhnlichkeit. Er ist Ihnen, scheint es, abhanden gekommen.

GEHEIMRAT CLAUSEN. Sind Sie beauftragt, die weiße Fahne zu schwingen, und bringen Sie mir die Kapitulation, Sie werden mich zur Versöhnung sofort bereit finden.

JUSTIZRAT HANEFELDT. Die weiße Fahne schwinge ich nicht, mir wäre sonst wahrscheinlich wohler zumut. Eins aber kann ich doch vorausschicken, daß bei einem gewissen Entgegenkommen Ihrerseits eine gewisse Maßregel, die Ihre Kinder für notwendig hielten, nicht unwiderruflich ist.

GEHEIMRAT CLAUSEN. Was halten meine Kinder für notwendig? — — Widerruflich? — Unwiderruflich? — Maßregel? — Machen Sie sich nicht lächerlich! *Er ist unwillkürlich aufgesprungen. Es gelingt ihm sogleich, sich zu mäßigen.* Nein, nein, es ist mir nur so entschlüpft, Vergessen Sie bitte, was ich gesagt habe! *Er geht auf und ab, bleibt dann vor dem Justizrat stehen.* Ad eins: eine Maßregel, die Sie erwähnt haben, interessiert mich nicht. Nie und nimmer wird sie mich interessieren. Sie wird mich ebensoviel und -sowenig interessieren, als wenn mich jemand verklagen wollte, weil ich die Baugelder des Kölner Doms noch nicht beglichen hätte. Aber es wäre doch originell, und so berichten Sie bitte von Ihrer Maßregel!

JUSTIZRAT HANEFELDT. Herr Geheimrat, erschrecken Sie nicht: das Gericht hat mich als vorläufigen Berater an Ihre Seite gestellt, und so bin und bleibe ich Ihnen ganz zur Verfügung.

GEHEIMRAT CLAUSEN. Wenn Sie mir diese Sätze wiederholen möchten, würde ich Ihnen dankbar sein.

JUSTIZRAT HANEFELDT. Ich möchte das nicht eher, als bis ich Sie der nun einmal vorhandenen Lage gewachsen weiß. Denn wohlgemerkt: ich bin nicht als Ihr Gegner hier, sondern als Ihr bestallter Freund und Helfer.

GEHEIMRAT CLAUSEN. Wenn Sie nicht wollen, daß mein Gehirnkasten auseinanderfliegt, so reden Sie klar und ohne Umstände!

JUSTIZRAT HANEFELDT. Nun dann: es schwebt gegen Sie ein Verfahren wegen Entmündigung.

GEHEIMRAT CLAUSEN. Das nenne ich einen verfluchten Scherz! Mit so etwas sollte man mir nicht aufwarten.

JUSTIZRAT HANEFELDT. Es ist der volle, der ganze Ernst einer nackten Sachlage.

GEHEIMRAT CLAUSEN. Reden Sie weiter, es könnte ja sein, daß ein Erdbeben stattgefunden hat, ein Bergrutsch oder was Sie sonst wollen, und daß meine fünf Sinne den neuen Zustand noch nicht registriert haben. Es ist dann vielleicht überall alles geschehen, was früher nicht menschenmöglich gewesen ist. Sie würden behaupten, man wolle mich unter Kuratel stellen?

JUSTIZRAT HANEFELDT. Es ist in der Tat das, was man will.

GEHEIMRAT CLAUSEN. Es ist schon geschehen, oder ist das Verfahren erst eingeleitet?

JUSTIZRAT HANEFELDT. Einstweilen ist das Verfahren erst eingeleitet. Aber Sie wissen ja, solange es dauert und bevor nicht zugunsten des zu Entmündigenden entschieden worden ist, sind Sie selber nicht mehr Partei in der Sache.

GEHEIMRAT CLAUSEN. Will sagen, daß ich solange entmündigt bin. — Und so sind Sie mein Vormund, nach der Sachlage?

JUSTIZRAT HANEFELDT. Sagen Sie lieber, Ihr bester Freund.

GEHEIMRAT CLAUSEN, *unheimlich kalt*. Sie werden sich keinen Augenblick verhehlen, was eine solche Tatsache, wenn es sich wirklich um eine solche handelt, für eine Persönlichkeit meines Schlages und meiner öffentlichen Geltung, sowohl für mich selbst als nach außen, bedeuten muß.

JUSTIZRAT HANEFELDT. Es könnte auch glücklich für Sie ausgehen.

GEHEIMRAT CLAUSEN. Der wird den Leichenduft nicht mehr los, der einmal auch nur vier Wochen bürgerlich tot gewesen ist.

JUSTIZRAT HANEFELDT. Dieser Ausgang läßt sich entschieden vermeiden.

GEHEIMRAT CLAUSEN. Herr Justizrat, Sie haben als Kind hier vor dem Kamin mit meinem Sohn Wolfgang gespielt. Sie haben auf meinen Knien geritten. Ich ließ Sie Bilderbücher betrachten. Als Sie elf Jahre waren, habe ich Ihnen — erinnern Sie sich? — eine goldne Uhr dediziert.

JUSTIZRAT HANEFELDT. Die halte ich immer noch hoch in
Ehren.

GEHEIMRAT CLAUSEN. Und nun möchte ich hören, von wem
dieses widernatürliche Verbrechen an mir verübt worden
ist. Von wem geht der Antrag aus, wenn er wirklich gestellt
wurde? Wer, frage ich, hatte die freche Schamlosigkeit, die
Feder zu ergreifen und seine gemeine Seele bloßzustellen
mit seiner schandbaren, seiner verruchten Unterschrift?

JUSTIZRAT HANEFELDT. Herr Geheimrat, Sie haben versöhn-
liche Kinder...

GEHEIMRAT CLAUSEN. Also, das schmutzigste aller Dokumente
trägt meines Sohnes Wolfgang, meiner Tochter Bettine,
meiner Tochter Ottilie — und noch eine Unterschrift?

JUSTIZRAT HANEFELDT. Nein, Egert hat sich ausgeschlossen.

GEHEIMRAT CLAUSEN. Ah, in dieser Pesthöhle wenigstens ein
Hauch von reiner Luft. Gut! Das ist nun die Krönung mei-
nes Lebens: ich hatte sie mir nicht ganz so gedacht. —
Wissen Sie was? So denke ich mir den Augenblick, wo nach
Jesu Christi Kreuzigung der Vorhang im Tempel Gottes
zerriß!

JUSTIZRAT HANEFELDT. Herr Geheimrat, Ihre Kinder befinden
sich selbst in einem Zustand tiefster Erschütterung. Sie
haben sich die Angelegenheit wohl selbst nicht so deutlich
vorgestellt. Sie sind hier im Haus, sie wünschen den Vater
zu sehen. Sie wünschen sich ihm ans Herz zu legen. Sie er-
flehen von ihm Verständnis, wenn es sein kann, Verzeihung,
Absolution. Herr Geheimrat, lassen Sie Ihr Herz sprechen!

GEHEIMRAT CLAUSEN *rückt einen Stuhl vor den Kamin, unter
das Bild seiner Frau, nimmt ein Messer, steigt auf den Stuhl
und zerschneidet ebendieses Bild kreuz und quer.* Kinder? Wo
sind meine Kinder? Ich war nie verheiratet, ich habe nie
eine Frau, nie Kinder gehabt. Höchstens Egert. Aber es ist
nicht möglich, daß er von der gleichen Mutter wie die anderen geboren ist. Siebzig Jahre, und wiederum Junggeselle!
Er springt vom Stuhl. Hopsa, heißa, Herr Vormund, leben
Sie wohl! *Nach einer Verbeugung gegen den Justizrat geht
er hinaus. Bettina und Ottilie kommen erregt herein, gefolgt
von Professor Wolfgang Clausen, als ob sie hinter der Tür
gelauscht hätten. Bettina ist verweint, Ottilie zeigt eine finstere,
harte, etwas gemachte Entschlossenheit. Professor Wolfgang*

Clausen ist kalkbleich und macht nicht den Eindruck von Geistesgegenwart.

BETTINA. Wie hat es mein Vater aufgenommen?

JUSTIZRAT HANEFELDT. Fragen Sie mich lieber, wie so etwas, selbst von einer unbeteiligten Mittelsperson, wie ich es bin, zu ertragen ist! Der Stein ist im Rollen — wer wird ihn aufhalten?!

BETTINA. Man würde am liebsten alles zurücknehmen. Ich hatte gar nicht so recht begriffen, was für ein folgenschwerer Schritt es gewesen ist, den wir da unternommen haben.

OTTILIE. Gott im Himmel, es war aber notwendig.

PROFESSOR WOLFGANG CLAUSEN. Ich weiß nichts anderes, als daß er bitter notwendig gewesen ist... meinst du nicht? Vater wird das einsehen.

JUSTIZRAT HANEFELDT. Ein so Betroffener kann nichts einsehen. Hätten wir, lieber Wolfgang, irgend etwas von Einsicht erwarten können, so mußte das ganz gewiß unterbleiben, was nun eben geschehen ist. *Er stürzt ein Glas Wasser hinunter.* Vergeben Sie mir, ich muß zu mir selbst kommen!

PROFESSOR WOLFGANG CLAUSEN. Eigentlich suchten wir doch nur eine Grundlage für die endliche Einigung.

JUSTIZRAT HANEFELDT. Ich stehe nicht ein für diese Grundlage. *Man hört, wie Porzellan und andere Gegenstände in den Räumen des Hauses zu Scherben gehen.*

PROFESSOR WOLFGANG CLAUSEN. Was bedeutet das?

JUSTIZRAT HANEFELDT. Ich weiß es nicht.

BETTINA. Das ist die schrecklichste Stunde meines Lebens — ich ertrage sie nicht.

Professor Geiger tritt ein.

PROFESSOR GEIGER. Wir müssen uns nach Hilfe umsehen... — er rast! Ich habe die schlimmsten Befürchtungen, trotzdem der Sanitätsrat bei ihm ist. Er demoliert alle Familienbilder, er trampelt auf Ihren Kinderphotographien herum —. Wodurch ist er denn eigentlich so verstört worden?

BETTINA *weint händeringend.* Aber was sollen wir denn getan haben?! Du hast mir gesagt, Ottilie, und dein Mann, Ottilie, hat mir gesagt, daß es notwendig ist. *Zu Wolfgang.* Du hast mir gesagt, daß es notwendig ist. Deine Frau hat in mich hineingeredet — eigentlich weiß ich ja von dem allem nichts.

OTTILIE. Du willst von dem allem nichts gewußt haben? Du lügst! Bettine, lüg nicht!

PROFESSOR WOLFGANG CLAUSEN. Lieber Hanefeldt, habe ich dich nicht unter Berufung auf unsere Jugendfreundschaft gefragt, ob dieser Weg nicht eine mögliche Lösung sein könnte?!

JUSTIZRAT HANEFELDT. Im Augenblick interessiert uns das alles nicht. Wir haben dringende Obliegenheiten. Nun nehmen Sie alle Kraft zusammen, das Schwerste in Ihrem Leben ist da: Sie müssen ihm gegenübertreten, Sie müssen sich persönlich verantworten!

Zwischen Wuttke und dem Sanitätsrat, von ihnen gestützt, tritt der Geheimrat ein. Es wird zunächst ein Umgang gemacht. Es ist, als ob der Geheimrat seine Kinder nicht sähe. Plötzlich macht er sich los und tritt unter sie.

GEHEIMRAT CLAUSEN. Wo ist mein Sarg?

BETTINA. Mein geliebter Papa...

GEHEIMRAT CLAUSEN *herrscht sie an.* Ich will meinen Sarg sehen! meinen Sarg! Ihr habt ihn doch mitgebracht?! *Zu Wolfgang.* Und du, wie? Springinsfeld! ——— du weißt doch, Springinsfeld nannt' ich dich, Springinsfeld! Wie geht's dir, mein lieber Springinsfeld? Und he, was macht dein verstorbener Vater?

PROFESSOR WOLFGANG CLAUSEN. Es ist ein Schicksal. Wie es bis dahin hat kommen können, weiß ich selber nicht...

GEHEIMRAT CLAUSEN. Was haben Sie eben gesagt, Herr Professor?

PROFESSOR WOLFGANG CLAUSEN. Es ist fraglich, Vater, wer unglücklicher von uns beiden ist...

GEHEIMRAT CLAUSEN. Ist es Ihnen bekannt, Herr Professor, daß ich Ihrer Mutter während Ihrer Geburt vierundzwanzig Stunden lang nicht von der Seite gewichen bin —? Ihr Köpfchen war ziemlich deformiert, als Sie zur Welt kamen. Ich habe es sorgfältig, da es noch weich war, in die rechte Form gebracht. Ich war ein sehr resoluter Geburtshelfer. Heute haben Sie einen recht harten Kopf — er läßt sich nicht mehr so leicht modellieren...

PROFESSOR WOLFGANG CLAUSEN. Vater, das ist jetzt alles recht fernliegend. Ich will dir nur sagen...

GEHEIMRAT CLAUSEN. Erlauben Sie, kann Ihre Philosophie

— Sie sind doch Professor — mir einen vernünftigen Grund dafür bringen, weshalb ich mich damals, bei Ihrer Geburt, so um Sie bemüht habe und warum wir beide in Tränen der Freude ausbrachen, Ihre Mutter und ich, als ich Sie auf dem Arme wiegte? Weshalb war ich so blind, nicht zu erkennen, daß ich meinen Mörder am Busen hielt?!

PROFESSOR WOLFGANG CLAUSEN. Wie soll ich auf diesen entsetzlichen und ebenso ungerechten Vorwurf antworten?

GEHEIMRAT CLAUSEN. Keine Antwort! Es gibt keine Antwort! Deshalb rate ich Ihnen das verstockte Schweigen des überführten Verbrechers an!

PROFESSOR WOLFGANG CLAUSEN. Ich war niemals, und bin auch heut kein Verbrecher.

GEHEIMRAT CLAUSEN. Gewiß nicht, wenn Vatermord kein Verbrechen ist.

JUSTIZRAT HANEFELDT. Herr Geheimrat, es ist eine widerrufliche Maßnahme...

BETTINA. Vater, wir nehmen alles zurück — wir dachten, es wäre zu deinem Besten. Wir sind gegen Krankheit nicht gefeit; aber gute Pflege, so dachten wir, kann gesund machen. Du bist gesund — wahrscheinlich bist du geistig kerngesund. Morgen schon kann es sich herausstellen.

GEHEIMRAT CLAUSEN. Vor meinen Augen braucht sich nichts mehr herauszustellen. Es hat sich alles herausgestellt. — Heult nicht, flennt nicht — quetsch keine Krokodilstränen! Ein Weib hat Katzen, Hunde, Füchse und Wölfe zur Welt gebracht, und sie sind Jahrzehnte hindurch in Kindergestalt, in Menschengestalt in meinem Haus herumgelaufen — fast ein Leben lang sind sie um mich herumgekrochen, haben mir Hände und Füße geleckt — und plötzlich haben sie mich mit den Zähnen zerrissen.

OTTILIE. Du tust uns Unrecht. Wir sind fehlbar, aber wir haben geglaubt, das Rechte zu tun. Auch auf deiner Seite gibt es Verfehlungen. Was wir letzten Endes erstrebt haben, ist schließlich nur eine Regelung. Findet sie statt, so kann heut oder morgen alles beim alten sein.

GEHEIMRAT CLAUSEN. Meine Dame, grüßen Sie Ihren Drahtzieher...

BETTINA. Vater, Vater... *Sie will seine Hände ergreifen und küssen.*

GEHEIMRAT CLAUSEN. Fort, Megäre, begeifere mich nicht...

PROFESSOR GEIGER, *sehr einfach, sehr fest, tritt vor.* Well, was Sie gewollt haben, ist erreicht. Ich möchte vorschlagen, ziehen Sie sich lieber jetzt zurück! Zur Versöhnung ist jetzt nicht der Augenblick.

Der Geheimrat erleidet einen Schwächeanfall.

Inken kommt eilig herein, gefolgt von Winter, der auf silbernem Tablett eine Karaffe mit Kognak bringt.

SANITÄTSRAT STEYNITZ. Das Herz, das Herz...

INKEN *hat ein schalenartiges Glas mit Kognak gefüllt.* Es hat ihm schon öfters gut getan.

SANITÄTSRAT STEYNITZ. Gott sei Dank, Sie sind musterhaft ruhig, Fräulein Inken.

INKEN, *fast unnatürlich bleich und gelassen.* Entweder oder — sonst gäbe es nur noch Tätlichkeit...

Wuttke und der Professor drängen die drei Geschwister auf sanfte Weise hinaus.

FÜNFTER AKT

In der Wohnung des Gärtners Laurids Ebisch und seiner Schwester. Niedriges Zimmer mit wurmzerfressener, dunkler Balkendecke. Vorn rechts das übliche Wachsleinwandsofa mit Photographien in Rähmchen, Familienporträts, darüber an der Wand. Vor dem Sofa Tisch mit einfacher Decke darauf. Eine brennende Hängelampe verbreitet ein mäßiges Licht darüber. Das Zimmer ist mit Möbelstücken im Stile der ersten Hälfte des neunzehnten Jahrhunderts ausstaffiert. Ein alter Glasschrank mit allerlei Andenken, Brunnengläsern, Zuckerschalen und so weiter, ist vorhanden. — Die Wand ist mit einigen Öldrucken geschmückt und zwei runden Gipsplaketten nach Thorwaldsen, wie man sie vom Hausierer kauft. Eine Tür links führt ins kleine Entree, eine Tür rechts in ein Schlafzimmer. Zwei kleine Fenster mit allerlei Topfgewächsen durchbrechen die Hinterwand. Auf der Diele sogenannte Fleckeldecken. Da und dort angebracht, mehrere ausgestopfte Vögel, ein Kuckuck, ein Grünspecht und ein Eisvogel.

Frau Peters und Gärtner Ebisch sitzen am Tisch, sie mit einer Häkelarbeit, er mit Lesen beschäftigt. Draußen herrscht tiefe Nacht. Es stürmt. Es schlägt eben elf auf der Kuckucksuhr.

FRAU PETERS. Schon elf. Es ist Zeit schlafengehen, Laurids!

EBISCH. Wenn nur dat Wedder mir nich weeder zu viel Schaden makt. Man schiebt es doch immer up den Gärtner.

FRAU PETERS. Wer dient, muß'n breiten Buckel haben. Laß reden, Laurids, mach dir nichts draus!

EBISCH *tritt ans Fenster.* Hui, dat gibt'n Danz mit de trocknen Blättern. Bums! Haste jehört? Dat waren sicher wieder 'n Dutzend Scheiben, die der Wind vons Glashaus gerissen hat. *Man hat Scheiben zerklirren gehört.* Und de Rägen, de Rägen! Hörste de Dachtraufe? Da läuft doch weeder der ganze Keller voll. Kaum weggebracht — wie lange wird's dauern, hebben wir weeder den Schwamm im Haus.

FRAU PETERS. Der Hund heult. Willste den Hund nich reinholen?

EBISCH. Warum denn?! Die Hütte is wasserdicht. — Drüben bei Pastors is ooch noch Licht. Hei makt woll sine Predigt for morgen.

FRAU PETERS. Ich will morgen mal wieder zur Kirche gehn, Laurids.

EBISCH. Nee, ik kreeg kalte Füße. Hei predigt to lang. — Een Rägen is dat, meterhoch springt et von de Erde.

FRAU PETERS. Ein schlechtes Vergnügen, wer heute kein Dach überm Kopfe hat.

EBISCH. Ein schlechtes Vergnügen, dat kannste woll seggen. — Du hast heute von Inken een Briefken gehat...

FRAU PETERS. Sie sind von der Schweiz zurückgekommen. So weit geht ja alles seinen Gang.

EBISCH. Da makt se doch woll ihr Glück, dat Mädchen.

FRAU PETERS. Ob sie ihr Glück macht, weiß ich nicht. Man muß das alles geruhig abwarten.

EBISCH. Nu von de Verschreibung seggst de doch.

FRAU PETERS. Wenigstens Doktor Wuttke sagt, daß er ihr allerlei in der Schweiz und in bar für den Fall seines Ablebens fest verschrieben hat.

EBISCH. Dat möchte wahr sind, dat woll ik er wünschen. Und damit gut' Nacht!

FRAU PETERS. Gut' Nacht! *Er wendet sich zur Schlafzimmertür.* Hör mal, Laurids, der Hund heult wieder.

EBISCH. De forcht sich, weil et so lärmt in de Glashäuser.

FRAU PETERS. Nee, Laurids, mir scheint, da will jemand rein.

EBISCH. Dat Gatter is offen — mag hei doch rinkommen. Möglich, dat et weeder, wie neulich, de Postbote is.

FRAU PETERS. Laurids, der Hund is ja außer sich!

EBISCH. I wat! is'm vielleicht de Katz zu nahe gekommen. Lat em bellen! — Also gut' Nacht!

FRAU PETERS. Möchtest du nu gern nach Arth in der Schweiz übersiedeln, wenn der Geheimrat dir noch mal den Antrag macht?

EBISCH. Dat tut nich gut, wenn de Nichte reitet und de Onkel im Stall de Pferde striegeln muß...

FRAU PETERS. Da is jemand, Laurids, du mußt mal nachsehen. Der rast ja, der Hund. Ich leg' mich nicht hin, bevor ich nicht weiß, daß draußen alles in Ordnung ist.

EBISCH. Na denn giv mi man min Ölzeug und min ollen Südwester!

FRAU PETERS. Und, Laurids, nimm den Revolver mit! Das is so 'ne richtige Nacht für Einbrecher.

EBISCH. Solange se Licht sehn, kommen de Einbrecher nich. *Ebisch hat seinen Ölrock angezogen und will eben den Südwester aufsetzen, als es wild in die Blechschelle reißt, die im Vorflur hängt.*

FRAU PETERS *ist vor Schreck emporgefahren, leise.* Siehste, Laurids, ich hab' es gewußt.

EBISCH *öffnet die Tür zum Vorflur. Gleich darauf wird abermals und noch wilder in die Klingel gerissen.* He ho! Reißen Se man nich de Klingel runter! So lange wern Se doch woll Zeit haben, als eener braucht, der upmachen muß!
Es wird zum drittenmal in die Klingel gerissen.

FRAU PETERS. Laurids, nimm den Revolver mit!

EBISCH. Dat verbitt' ik mir, solchen Lärm zu maken. Taubstumme Leute wohnen hier nich! *Er verschwindet im Vorflur, und man hört seine Stimme.* Wer is hier? Wer will rin? Nennen Sie Ihren Namen!

FRAU PETERS *ist ihm bis in den Türrahmen nachgegangen.* Laß niemand rein, eh du weißt, wer's ist! Es sind schlimme Sachen vorgekommen. — Guk mal durchs kleine Seitenfenster!

EBISCH *wird nach einigen Sekunden Stille sichtbar.* Anna, 's is'n ganz durchnäßter Mensch ohne Hut, aber sonst nich schlecht angezogen.

FRAU PETERS. Vor der Türe stehenbleiben kann er doch nicht.
Wolln mal sehn, was er will, mal'n Spalt bißchen auf-
machen. Stell du dich mit dem Revolver hinter mich!
Sie verschwinden beide. Der Schlüssel dreht sich im Schloß.
Man hört eine Türklinke.

FRAU PETERS, *unsichtbar.* Was bringen Sie denn, wer sind
Sie denn?

FREMDE MÄNNERSTIMME. Ich denke, Frau Peters, Sie kennen
mich.

FRAU PETERS. Sie sind mir ganz fremd, wie soll ich Sie
kennen?

STIMME. Ich selbst bin mir fremd — und doch kenne ich
mich . . .

FRAU PETERS, *unsichtbar.* O Gott, wo hatte ich meine Augen?
Können Sie es denn wirklich sein, oder täusche ich mich?

STIMME. Sie täuschen sich nicht: ich bin's, Frau Peters.

FRAU PETERS. Bei diesem Wetter?! Um's Himmels willen,
nur so schnell wie möglich ins Trockne herein!
Man hört jemand hereinkommen und sich die Füße ver-
treten.

STIMME. Es schüttet von Himmels Throne, Frau Peters.

FRAU PETERS. Näher, näher — legen Sie ab! Leg neues Holz
in den Ofen, Laurids!
Ein Mann, begleitet von Ebisch und Frau Peters, tritt ein.
Er trägt einen Sommerpaletot, ist aber ohne Hut. Die
Kleidung ist beschmutzt und durchnäßt. Anscheinend ist er
auf der Landstraße mehrmals ausgeglitten und hingefallen.
Erst nach und nach erkennt man in ihm den Geheimrat
Clausen.

GEHEIMRAT CLAUSEN, *sehr aufgeräumt.* Sie wundern sich
höchstwahrscheinlich, Frau Peters, aber es kam nun einmal
so über mich. Ich glaube, heut jährt sich der Tag, an dem
ich zum ersten Male an Ihre Tür pochte. Dieser Tag war
entscheidend für mich — da half nun einmal kein Wider-
stand: ich mußte hierher, ich mußte ihn feiern.

FRAU PETERS. Das ehrt uns gewiß, Herr Geheimrat. Haben
Sie wieder, wie dazumal, eine Panne gehabt? Sie sind doch
gewiß nicht zu Fuß hier heraus gewandert?

GEHEIMRAT CLAUSEN. Zu Fuß, anders tut es ein Jüngling
nicht. — Haben Sie etwas zu trinken, Herr Ebisch?

FRAU PETERS. Herr Geheimrat, ich glaube, Sie müssen sich umziehen. Haben Sie etwa Unglück gehabt? Ist Ihr Wagen etwa überfallen worden?

GEHEIMRAT CLAUSEN *lacht herzlich belustigt.* Nein, ich bin nicht überfallen worden. Auch eine Panne hatte ich nicht. Ich bin sozusagen leichtbeschwingten Schrittes zu Fuß herausgestampft: es zog mich unwiderstehlich hierher — ich konnte nun einmal nicht anders, Frau Peters . . . Und nun wollen wir einen behaglichen Punsch brauen!

EBISCH. Dat soll woll niemand bestreiten, daß dem Herrn Geheimrat 'n Schuß wat Warmes in dieser Verfassung gut täte.

GEHEIMRAT CLAUSEN. Was wollen Sie damit sagen: Verfassung?

EBISCH. Da wollt ik weiter gar nix seggen, als dat de Herr Geheimrat doch durchnäßt bis up de Knochen is.

GEHEIMRAT CLAUSEN *stöbert ungeniert in einem Regal herum.* Hier standen doch immer Ihre Likörflaschen . . .

FRAU PETERS. Nicht doch, ich hole, was nötig ist. Gott sei Dank ist das Feuer noch nicht aus, ich bringe heiß Wasser in zwei Minuten.

GEHEIMRAT CLAUSEN. Lassen Sie doch das Inken besorgen! — Wo ist eigentlich Inken, sagen Sie mal?

FRAU PETERS. Inken? Sie fragen mich, wo sie ist?

GEHEIMRAT CLAUSEN. Um ihretwillen bin ich ja schließlich hergekommen.

FRAU PETERS, *flüsternd zu Ebisch.* Lauf rüber zum Pastor, er hat noch Licht! Der Pastor muß kommen, im Augenblick.

EBISCH. Ik kann dich doch mit dem Mann nich alleen laten.

FRAU PETERS. Dann hol' ich den Pastor, bleib du hier.

EBISCH. Mir gruselt dat ooch mit em alleene.

GEHEIMRAT CLAUSEN. So?! Inken ist schon zu Bette gegangen?

FRAU PETERS. Inken ist doch schon lange nicht hier — Sie müssen doch wissen, daß sie längst zu Ihnen übergesiedelt ist.

GEHEIMRAT CLAUSEN. Übergesiedelt? *Er denkt scharf nach.* Das hatt' ich vergessen . . . Nein, ich bin nicht überfallen worden. Ich habe auch nicht, wie damals, als ich Ihnen zuerst ins Haus fiel, eine Panne gehabt. — Oder bin ich doch überfallen worden? — Richtig, damals hab' ich eine Panne gehabt, und da kam ich herein, um bei Ihnen zu telephonieren. Aber Ihre Klingel, Frau Peters, würde ich unter tausend herauskennen — darf ich die Schelle noch mal anziehen? *Er geht hinaus und zieht die Schelle, kommt sogleich wieder.* Wollen Sie glauben, daß ich mich den ganzen Weg heraus diebisch auf das Scheppern gefreut habe? — Und Inken machte die Tür auf . . .

FRAU PETERS, *heftig flüsternd zu Ebisch.* Lauf, Laurids, lauf, der Pastor muß herkommen!

Ebisch schnell ab.

GEHEIMRAT CLAUSEN *zeigt Frau Peters ein Messer.* Da wir gerade allein sind, Frau Peters: sehen Sie dieses Messer an! Wenn man mit diesem Messer jemand tötet, blutet es nicht.

FRAU PETERS. Um Gottes willen, was heißt denn das?

GEHEIMRAT CLAUSEN. Man kann auch Tote töten damit — man kann junge Mädchen damit töten, die als alte Frauen gestorben sind . . .

FRAU PETERS, *mit ineinander verkrampften Händen.* Das soll doch nicht etwa heißen, Herr Geheimrat, daß meiner Inken etwas zugestoßen ist?

GEHEIMRAT CLAUSEN. Nein doch, seien Sie ruhig, ihr nicht.

FRAU PETERS. Aber wem sonst?

GEHEIMRAT CLAUSEN. Nun, einer Verstorbenen . .. Wenn Inken nicht da ist, macht es nichts — wir können einmal meine Sache in Ruhe durchsprechen. Etwas Punschessenz haben Sie doch? Sonst hätte ich gern etwas mitgebracht.

EBISCH *kommt zurück, leise.* Der Pastor kommt gleich.

GEHEIMRAT CLAUSEN. Und der Grog? — Ich fühle mich hier geborgen, Herr Ebisch. Sie werden mich wohl nicht vor die Tür setzen. Etwas Zivilcourage ist freilich notwendig — gut anbinden ist mit meinen Verfolgern nicht. Aber wenn Sie gefälligst bedenken wollen: Sie erhalten für eine Nacht gesicherter Unterkunft Ihr eigenes volles Gewicht in Gold . . . Morgen ist es dann nicht mehr notwendig —

EBISCH. Wenn Sie's nicht übelnehmen wollen, Herr Geheimrat, mit oder ohne Geld tät ik lieber nichts Unrechtes.

GEHEIMRAT CLAUSEN. Ich werde die Sache überlegen — wir wollen sehn, was zu machen ist.

Der Pastor erscheint in der Vorflurtür. Er stellt einen Schirm ab. Er ist im Schlafrock. Er beobachtet eine Weile, ohne daß der Geheimrat ihn sieht. Dem Geschwisterpaar, das ihn ansprechen will, winkt er ab.

GEHEIMRAT CLAUSEN. Übrigens habe ich ein Geheimnis entdeckt: wenn man die Welt durch die Beine sieht, haben die Menschen Klauen und Hauer — Sie lächeln, Frau Peters, Sie glauben das nicht . . .

FRAU PETERS. Ich zittre. Darüber zu lächeln, was Sie sagen, daran denk' ich wahrhaftig nicht.

PASTOR IMMOOS *stellt sich mit entschlossenem Schritt vor den Geheimrat.* Darf ich Ihnen guten Abend sagen? Herr Geheimrat, kennen Sie mich?

GEHEIMRAT CLAUSEN. Herrn Pastor Immoos wird man doch nicht verkennen.

PASTOR IMMOOS. Nun, sehen Sie! Darf man also fragen, was die Veranlassung Ihres Besuches zu dieser nächtlichen Stunde ist?

GEHEIMRAT CLAUSEN. Gewiß! Ich bin vogelfrei, Herr Pastor: Bedingungen gibt es nicht mehr für mich. Davon wollte ich auf der Stelle Gebrauch machen. Ich bin bürgerlich tot und kann deshalb alles tun, was ich will. Ich kann quietschen wie eine Puppe, miauen wie ein Kater, Sägespäne um mich streuen wie eine Vogelscheuche: man wundert sich nicht. Ich kann im Wasser nach Vögeln angeln und Karpfen aus der Luft schießen, keiner sieht etwas Arges darin.

PASTOR IMMOOS. Ich kann mich gut erinnern, daß der Herr Geheimrat öfter bei recht gutem Humor gewesen sind . . .

GEHEIMRAT CLAUSEN. Jetzt komm' ich nicht mehr heraus dem Lachen: Wenn ich meinen Geschäftsleiter rufen lasse, so kommt er nicht. Wenn ich einem Beamten am Gehalt zulege, erhält er die Zulage nicht. Wenn ich meinen Kassierer um Geld bitte, gibt er es nicht. Wenn ich meine Unterschrift unter einen Vertrag setze, gilt er nicht. Wenn ich eine Meinung ausspreche, hört man sie nicht — das ist doch noch ein ganz anderer Humor, als er bisher bei den Clausens üblich gewesen ist . . . !

PASTOR IMMOOS, *leise zu Ebisch.* Klingeln Sie mal gleich im Stadthaus des Geheimrats an! Hier ist etwas Schreckliches vorgefallen. *Ebisch geht in den Flur, und man hört ihn am Telephon arbeiten. Der Pastor fährt fort und wendet sich an*

Frau Peters, während der Geheimrat auf und ab schreitet.
Ich fürchte, ich fürchte, es hat sich vollendet, was Bettine
immer an die Wand malte. *Jetzt laut.* Frau Peters, Sie
sollten uns einen heißen Tee machen! *Zum Geheimrat.* Am
liebsten würde ich Sie bitten, mit mir hinüber ins Pfarrhaus
zu gehen — aber die Meinen sind alle schlafen.
*Frau Peters ist geschäftig durch die Schlafzimmertür ab und
zu gegangen. Eben kommt sie wieder.*

FRAU PETERS. Herr Geheimrat, ich habe Ihnen ein frisches
Hemd und Sachen von meinem Bruder zurechtgelegt. Sie
müssen die nassen Sachen loswerden. Ich bestehe darauf:
Sie müssen sich umziehen.

GEHEIMRAT CLAUSEN. Das tu' ich gern — *zum Pastor.* Aber
dieses Asyl verlassen und mit Ihnen ins Pfarrhaus hinüber-
gehen, Herr Pastor, das hieße die letzte Hoffnung auf-
geben. —

PASTOR IMMOOS. Es war ja auch nur ein Gedanke von mir.

GEHEIMRAT CLAUSEN. Ich bin auf der Flucht, ich leugne es
nicht. Ich wollte vorher nur noch Lebewohl sagen. —

PASTOR IMMOOS. Ich habe Ihnen bisher nicht widersprochen,
Herr Geheimrat. Aber es kommt mir vor, als ob Sie heut,
vielleicht durch irgend etwas erregt, Welt und Menschen
und so auch sich selbst in allzu düsteren Farben gemalt
sehen.

GEHEIMRAT CLAUSEN. Ja, durch irgend etwas erregt. So sagten
Sie doch, wenn ich nicht irre, Herr Pastor? Jawohl, durch
irgend etwas erregt! Durch irgend etwas erregt sozusagen!
Er sinnt nach. Man weiß nicht genau, wodurch erregt — und
doch ist man durch irgend etwas erregt worden. Sie haben
das richtig erkannt, Herr Pastor. Vielleicht wird man später
noch einmal erfahren . . . ich meine, wodurch man erregt
worden ist.

FRAU PETERS. Herr Geheimrat, Sie wollten sich umkleiden.

GEHEIMRAT CLAUSEN. Gern, obgleich es nicht notwendig ist.
*Er verschwindet, von Frau Peters gefolgt, rechts im Schlaf-
zimmer.*

PASTOR IMMOOS *geht mit hoch gerungenen Händen im Zimmer
auf und ab.* Das ist nun das Ende eines Menschen wie
Matthias Clausen — o Gott, o Gott!

FRAU PETERS *erscheint, drückt sorgfältig die Tür hinter sich ins Schloß.* Er zieht sich um. Er ist ruhig geworden — er legt sich sogar ein bißchen in die Kissen zurück.

PASTOR IMMOOS. Arme Bettina, arme Kinder!

FRAU PETERS. Und arme Inken, wenn Sie erlauben, Herr Pastor, muß ich hinzusetzen.

PASTOR IMMOOS. Ich habe freilich nichts Gutes geahnt — Frau Peters, haben Sie das nicht vergessen. Aber so fürchterliche Möglichkeiten, wie sie das grausame Leben im Rückhalt hat, hat man doch wohl nicht ahnen können. *Ebisch tritt ein.*

EBISCH. Die Verbindung ist da, Sanitätsrat Steynitz wartet am Telephon, er möchte gern den Herrn Pastor sprechen. *Pastor Immoos geht hinaus.*

FRAU PETERS. Du hast mit dem Sanitätsrat gesprochen — weißt du, was vorgegangen ist?

EBISCH. He hat von allerlei Saken gesproken, dat de Geheimrat von einen groten Schrecken betroffen worden is. Davon wor hei ganz außer sich. Do hat man denn eenen groten Arzt gerufen, der hat em da eenen Pfleger bestellt und ihn vorerst int Bett gesteckt. Dann hat man dat Bette leer gefunnen. Denn hat man dat ganze Haus durchsucht. Denn hat man de Polizei verständigt, weil he och da nich gewesen is. Alle hebben gedacht, he wull sich wat antun. Dat kann eener woll begrien, dat in de ganze Familie Heulen und Zähneklappern is. *Pastor Immoos kommt wieder.*

PASTOR IMMOOS. Es ist etwas Schreckliches vorgefallen. Ich sprach mit Steynitz und mit Ihrem Administrator Hanefeldt. Hanefeldt hat die traurige Pflicht gehabt, dem Geheimrat mitzuteilen, daß er zu seinem einstweiligen Vormund bestellt worden ist, weil die Kinder seine Entmündigung beantragt haben. Es ist eine Handlungsweise, deren Folgen mich keineswegs verwundern, wenn eine ans Befehlen gewöhnte Natur wie die des Geheimrats davon betroffen wird. Ich hätte den Kindern abgeraten.

FRAU PETERS. Und Inken?

PASTOR IMMOOS. Es wird gesagt, Ihre Tochter Inken sei schon seit einigen Stunden nicht mehr im Haus, sie sei, und zwar in Begleitung eines Herrn Professor Schweiger oder Geiger, auf der Suche nach dem Geheimen Rat. In welcher Verfassung, kann man sich denken.

FRAU PETERS. Es kann aus sein mit ihr, wenn es aus mit ihm ist. Wenn man sie wenigstens doch erreichen könnte, damit sie ihn noch am Leben trifft!

PASTOR IMMOOS. Haben Sie wirklich solche Befürchtungen?

FRAU PETERS. Ich hatte sie, sobald ich ihn sah, im Augenblick.

PASTOR IMMOOS. Doppelt gut, daß wir den Herrn Administrator Hanefeldt und Sanitätsrat Steynitz erwarten können. Bis sie da sind, müssen wir den Geheimrat hinhalten. Übrigens will ich mich einigermaßen zurechtmachen und meine Frau wecken; denn fast muß man fürchten, daß diese Nacht recht unruhig werden wird. *Er geht.*

EBISCH, *am Fenster.* Dat Wedder is etwas stiller geworden. *Automobilhupe.* Unmöglich kann dat schon de Herr Administrator sein.

FRAU PETERS. Das kommt von der Straße, das fährt vorüber. *Sie horcht an der Schlafzimmertür.* Er atmet ruhig, er scheint zu schlafen.

EBISCH. Lat em schlafen! Wenn er überhaupt nicht mehr upwachte, wär dat besser for ihm. *Es fällt ein starkes Scheinwerferlicht auf die Fenster.* Aber wat is dat? Dat is'n Scheinwerfer.

Eine Hupe hupt heftiger, um sich bemerkbar zu machen.

FRAU PETERS. Da ist es doch, Laurids. Das gilt uns. Geh und sieh, wer es ist, und dann komm wieder!

Ebisch ab in den Hausflur.

Ebisch kommt mit Professor Geiger zurück.

PROFESSOR GEIGER. Oh, Sie sind wach? Ein glücklicher Zufall bei all dem Unglück, das uns betroffen hat. Kennen werden Sie mich wahrscheinlich nicht, obgleich ich schon einmal bei Ihnen war. Ich bin ein Freund von Geheimrat Clausen. Ich denke, daß Sie der Onkel von Fräulein Inken sind — das junge Fräulein sitzt draußen im Wagen.

Frau Peters eilt wortlos hinaus.

EBISCH. Das war meine Schwester, die Mutter von Inken, die eben hinausgegangen ist.

PROFESSOR GEIGER. Das freut mich. Gerade darum nämlich, um das arme junge Mädchen in die Obhut ihrer Mutter zu bringen, habe ich das Auto hierherdirigiert. Es sind schreckliche Dinge vorgefallen — mein Freund, der Geheimrat, wird vermißt, man fürchtet einen Verzweiflungsschritt — wir waren auf einer hoffnungslosen Suche.

EBISCH *zeigt auf die Schlafzimmertür.* Der Geheimrat hat sich hier eingefunden.

PROFESSOR GEIGER. Oh, wirklich? Er lebt? Er ist hier? Ich hätte das nimmermehr gehofft!

EBISCH. Jawoll, er is hier — bloß fragen Sie nich, in welchem Zustande!

PROFESSOR GEIGER. Wir wollen uns nicht übereilen, Herr Ebisch. Fast kann es ja gar nicht anders sein, als daß der arme gehetzte Mann bei Ihnen abermals niedergebrochen ist. Aber wenn er lebt, kann alles noch gut werden, ganz gewiß sieht es Ihre Nichte Inken so an.

EBISCH. Mein Gott, wat soll da woll noch gut werden!? *Frau Peters kommt zurück.*

FRAU PETERS. Sie will mich nicht hören, sie will nicht hereinkommen. Ich sage ihr, der Geheimrat ist hier — sie ist wie betäubt, sie hört es nicht...

PROFESSOR GEIGER. Ich bin Professor Geiger, Frau Peters. Wie die Dinge sich hier entwickelt haben, bin ich beinah nicht mehr Herr über mich. Tatenlos kann ich hier nicht zusehn, obgleich ich ganz gegen meine Absicht in dies alles verwickelt worden bin und ein Mensch mit mehr Ungeschick solchen Umständen gegenüber kaum zu finden sein dürfte. Also wir haben die Absicht, meinen armen Freund Clausen fortzubringen, ihn aus dem Bereich seiner Gegner zu bringen, weil sonst sein Schicksal besiegelt ist.

Er geht hinaus. — Die Uhr schlägt.

FRAU PETERS. Ich habe Schlimmes mit meinem Manne erlebt — ich habe es hingenommen, Laurids. Wenigstens hast du eine Tochter von ihm, wenigstens hast du Inken, hab' ich gedacht. Und nun bringt gerade sie alles über uns! Gott ist mein Zeuge, wie ich gewarnt habe.

Inken im Automobilmantel und Professor Geiger treten wieder ein. Nach einiger Zeit erscheint Diener Winter im Flur, er trägt Decken und Mäntel.

INKEN, *außer sich.* Ist es richtig, ihr wißt etwas von Matthias?

PROFESSOR GEIGER. Es sind natürlich bloße Vermutungen.

INKEN. Halte uns nur nicht lange auf, Mutter!

FRAU PETERS. Würdest du es ertragen, wenn ich dir sage, wo er ist?

INKEN. Ist er tot — dann foltre mich nicht!

FRAU PETERS. Vielleicht schlimmer als tot — doch noch ist er am Leben.

INKEN, *fast im Weinkrampf.* Wo? wo? Ich beschwöre dich!

FRAU PETERS. Was gedenkst du zu tun, wenn du bei ihm bist?

INKEN. Wir nehmen ihn mit uns: fliehen, Mutter!

FRAU PETERS. Damit würdest du eine schwere Gefahr laufen, zu der ich nicht die Hand bieten kann.

PROFESSOR GEIGER. Frau Peters, ich werde dazu die Hand bieten. Was ich gesehen, gehört, erlebt habe, hat mir den festen Entschluß aufgedrängt. Ich werde den Kampf für Matthias und so auch für Ihre Inken aufnehmen.

INKEN, *zur Mutter.* Du kannst dir nicht denken, was wir erlebt haben. Man kann dir davon auch keinen Begriff geben. Auch ich, Mutter, bis der Geheimrat vermißt wurde, habe mit diesem Menschen, diesem Klamroth, den häßlichsten Kampf meines Lebens gekämpft. Längst hätte ich alles hingeworfen, hätte ich nicht den Professor zur Seite gehabt. Als man mich von dem Geheimrat getrennt hatte, der gebrochen und hilflos, von zwei Wärtern bewacht, daniederlag, stürzte sich dieser Bursche auf mich. Er wies mir die Tür, er werde mich, wenn ich mich nicht bald darauf besänne, wo der Zimmermann das Loch gelassen habe, mit Gewalt an die Luft setzen, und so fort. Und sein Jargon, Mutter! diese Ausdrücke! — Dann freilich wurde er kleinlaut, als die Wärter mit langen Gesichtern dastanden und man begriff, daß das arme Opfer das Weite gesucht hatte, daß es seiner Gewalt entzogen war. Aufgeheult hab' ich vor Schmerz — und zugleich triumphiert, Mutter. Und nun sage, wenn du weißt, wo er ist...

FRAU PETERS. Ich verrate nichts, außer wenn du gefaßt und ruhig bist.

INKEN. Um Gottes willen, zögere nicht, du lieferst uns alle ans Messer, Mutter!

FRAU PETERS. Abgerissen wie ein Strolch kam er eben hier an — ein Anblick zum Gotterbarmen!

INKEN. Und wo ist er jetzt?

FRAU PETERS. Nebenan im Schlafzimmer. *Inken will hinein,*

wird von der Mutter zurückgehalten. Wenn er nun schläft, wecken darf man ihn nicht.

INKEN. Da wir doch fort wollen, muß man ihn aufwecken.

FRAU PETERS. Es ist mehr als fraglich, ob er zur Flucht zu bewegen ist.

INKEN. Winter, kommen Sie schnell mit den Sachen! Wir haben Reisedecken, Pelze und warme Kleidung mitgebracht. Wenn er müde ist, kann er im Auto schlafen. Morgen um die gleiche Zeit ist er jenseits der Schweizer Grenze in Sicherheit. Dort hat er den ganzen schwarzen Spuk in wenigen Stunden abgestreift.

FRAU PETERS. Den ganzen Ernst seines Zustandes scheinst du noch nicht zu ahnen, Inken. Ich glaube nicht einmal, daß er bei vollem Bewußtsein ist: er stellt sich an, als ob er verfolgt würde.

INKEN. Verfolgt? Und ist er es etwa nicht?

PROFESSOR GEIGER. Es gibt Dinge im Leben, die mir leichter geworden sind. Aber den Blick, den flehenden Blick, den Matthias, während ihn der Paroxysmus überkommen hatte, auf mich richtete, vergesse ich nicht. Seine Sache ist meine geworden! Also Frau Peters, unterstützen Sie uns: so oder so, wir müssen die Sache durchfechten.

FRAU PETERS. Er hat uns gehört, er bewegt sich im Schlafzimmer.

Die Schlafzimmertür wird ein wenig aufgemacht, die Frauen verstummen. Der Geheimrat tritt heraus.

INKEN. Matthias...! *Das Gesicht des Geheimrats bleibt unverändert. Inken zieht ihn weiter ins Zimmer und an sich. Dann lauter als vorher.* Matthias...! *und zum drittenmal, ihn gleichsam aufrüttelnd.* Matthias! — *Ein Lächeln des Erwachens geht über sein Gesicht.*

GEHEIMRAT CLAUSEN *haucht, als wenn er eine Vision hätte.* Inken...

INKEN *macht mit der Hand Zeichen; alle außer ihr und dem Geheimrat entfernen sich.* Nun sprich, wir sind ganz allein, Matthias...

GEHEIMRAT CLAUSEN *erbleicht tief, spricht schwer.* Zu spät — meine Seele ist tot, Inken...

INKEN. Wen soll es wundern, wenn du im Augenblick dieser

Meinung bist! Jeder Schlaf ist schließlich ein Seelentod —
Matthias, ich bin deine Auferstehung —

GEHEIMRAT CLAUSEN. Ich sehe ja, daß du Inken bist, aber ich
kann es so recht nicht mehr fühlen —...

INKEN. ... was mit dem Widernatürlichen, das du erlebt hast,
leicht zu erklären ist.

GEHEIMRAT CLAUSEN. Meinst du, der Ekel hat mich vernichtet?

INKEN. Du bist jetzt wieder in reiner Luft, alles Verlorene
kommt wieder, Matthias...

GEHEIMRAT CLAUSEN. Ich sehe dich an — ich suche es —, aber
ich kann es vorerst nicht mehr finden. Ich schleppe eben
eine tote Seele in einem lebendigen Rumpf herum...

INKEN. Sprich alles aus, schone mich nicht, Matthias!

GEHEIMRAT CLAUSEN. Ich fürchte, daß deine Macht zu Ende
ist — tote Seelen kann niemand aufwecken —...

INKEN. Du brauchst mich nicht zu lieben, liebe mich nicht:
meine Liebe zu dir gilt doppelt, Matthias.

GEHEIMRAT CLAUSEN. Dann sage mir, Inken, wo ich bin —

INKEN. In Broich, wo du oft gewesen bist!

GEHEIMRAT CLAUSEN. Inken, du hast eine gute Mutter — aber
wie kommt es, daß ich in Broich, bei deiner Mutter bin?
Waren wir nicht in der Schweiz miteinander?

INKEN. Ja freilich, Matthias, wir waren in Arth.

GEHEIMRAT CLAUSEN. Ich will wieder nach Arth — wir wollen
nach Arth reisen.

INKEN. Das Auto steht draußen, reisebereit, wir können ohne
Umstände losfahren. Winter sitzt beim Chauffeur, Professor Geiger mit uns im Wagen.

GEHEIMRAT CLAUSEN. Wirklich? Ist da nicht irgendwo oder
irgendwie ein Hindernis?

INKEN. Nur wenn wir Zeit versäumen, sonst nicht. — Ist dir
irgend etwas nicht klar in der Sache: laß es im Augenblick,
wie es ist! Nimm alles von mir, bis du wieder im Besitz
deiner alten Kräfte bist. Ich bin ja doch du, ich bin ja nichts
anderes!

GEHEIMRAT CLAUSEN. O ja, ein besserer Vormund als Hanefeldt bist du sicherlich!

INKEN. Kein Vormund, Matthias: dein Stecken und Stab, dein
Geschöpf, dein Besitz, dein zweites Ich! Damit mußt du
rechnen, das mußt du festhalten.

GEHEIMRAT CLAUSEN. Sage mir nur, wie ich plötzlich ins Haus deiner Mutter geraten bin...

INKEN. Denke jetzt nicht weiter daran! Wahrscheinlich aber kennt man jetzt in der Stadt bereits deinen Aufenthalt. Komm, Matthias, wer weiß, ob nach Verlauf einer Viertelstunde unsere Flucht in die Freiheit noch möglich ist.

GEHEIMRAT CLAUSEN. Kann mir eigentlich jemand sagen, was geschehen ist? — Ich glaube, ein Kandelaber ist umgefallen. Ich bekam einen Schreck und ging zu Bett. — Vielleicht bin ich im Traume dann aufgestanden. Seit dem Tode meiner unvergeßlichen Frau hab' ich das, sagt man, manchmal getan. In diesem Zustand mag ich auch wohl hier heraus verschlagen worden sein.

INKEN. Fast lückenlos hast du alles geschildert, Matthias.

GEHEIMRAT CLAUSEN. Du sagtest »fast«, wodurch du vor einer Lüge bewahrt worden bist. Denn nun erst sehe ich weiter und weiter.

INKEN. Du erzählst mir das alles im Wagen, Matthias. Wie wohl wird uns sein, wenn wir erst auf der Landstraße sind! Du legst dich in die Polster zurück; atmest du schwer und merke ich, daß ein Traum dich plagt, nun, Matthias, so wecke ich dich. Wozu säße ich dicht an deiner Seite?! Sei nur ein paar Tage wie ein Kind: wie für mein Kind will ich für dich sorgen.

GEHEIMRAT CLAUSEN. Kannst du begreifen, was für ein Abgrund ein Leben von siebzig Jahren ist? Niemand kann ohne Schwindel hinabblicken.

INKEN. Matthias, unwiederbringliche goldene Minuten legt der Zeiger der Uhr zurück. Draußen wartet der Wagen — fort, Matthias! Es ist nicht gut, wenn du immer von Abgründen sprichst. Wenn uns die Sonne erst wieder bescheint, blicken wir vorwärts und nicht in Abgründe...

GEHEIMRAT CLAUSEN. Du bist ein Bote vom Jenseits, Inken! *Er läßt sich auf das Sofa nieder.* Laß mich ruhig ein bißchen nachgrübeln! *Er schließt die Augen.* Wenn deine gesegneten Hände so um mich sind und mir wohltun und ich sehe sie nicht und sehe dich nicht — also wenn ich die Augen schließe —, so fühle ich, fühle ich klar und rein, daß eine ewige Güte ist...

Professor Geiger tritt ein.

PROFESSOR GEIGER. Verzeih, Matthias, wenn ich ungerufen eintrete!

GEHEIMRAT CLAUSEN. Ungerufen kommst du ja nicht. —

PROFESSOR GEIGER. Gewissermaßen wohl auch gerufen, da ja wirklich dein Brief nach Cambridge eine Art Ruf gewesen ist. —

GEHEIMRAT CLAUSEN. Der eigentliche Grund dieses Rufs ist uns beiden freilich nicht klar gewesen.

PROFESSOR GEIGER. Ich fasse ihn auf als das, was er ist. Wir können später darüber philosophieren. Jetzt will ich nur sagen: der Chauffeur hat getankt, der Motor wird kalt, wir müssen einsteigen.

GEHEIMRAT CLAUSEN. Haben Sie Ihre Mappe hier, Doktor?

PROFESSOR GEIGER. Verkenne deinen alten Freund Geiger nicht!

GEHEIMRAT CLAUSEN. Sind die Legate in Sicherheit? Kann man sich auf Sie verlassen, Wuttke? Und wenn man sie etwa anfechten sollte, werden Sie dann meiner Inken wie ein besserer Löwe zur Seite stehn?

PROFESSOR GEIGER. Das will ich, Gott ist mein Zeuge, jawohl! Diese Frage kann ja auch ich beantworten.

INKEN. Matthias, das ist jetzt alles gleichgültig. Du hast eine übermenschliche Anstrengung hinter dir, ich möchte dich auf den Armen davontragen, hätte ich nur die Kraft dazu. Aber ich flehe dich an: du mußt dich aufraffen!

GEHEIMRAT CLAUSEN. Sage, hast du nicht einen Vater gehabt, der in puncto puncti sehr empfindlich gewesen ist?

INKEN. Mag sein — daran brauchen wir jetzt nicht zu denken.

GEHEIMRAT CLAUSEN. Gegen den Selbstmord sage ich nichts... aber mir ginge er gegen den Strich — und übrigens ist man ja nicht mehr im Leben.

INKEN. Du stehst morgen wieder mitten darin.

GEHEIMRAT CLAUSEN. Kennen Sie übrigens das Schicksal des bekannten Geheimrats Clausen, mein Kind? Er war der geachtetste Mann der Welt — heut hat die Gesellschaft ihn ausgespien, er ist nur noch Speichel, den man mit dem Fuß vertritt. —

INKEN. Es hilft nichts, wir müssen handeln, Winter. *Winter ist eingetreten, Pelze und Kleidungsstücke überm Arm.*

GEHEIMRAT CLAUSEN. Winter, Sie sind viel größer geworden — glauben Sie mir, Sie sind ein Gott! — Ja ja, das Unglück öffnet die Augen. — Sie dürfen sich mit mir nicht bemühen, Winter: ich bin einer, der, ausgeraubt, entkleidet, moralisch tot und physisch entehrt, den Hufen, Rädern und Sohlen der Straße überantwortet ist! Ich bin Kot gegen Sie — Sie gehören unter die Götter!

INKEN. Matthias, Matthias, du mußt dich aufraffen — wir verschaffen dir jede, aber auch jede Genugtuung.

Der Geheimrat atmet tief auf, lehnt den Kopf zurück und verfällt in Lethargie.

INKEN. Man muß gegen seine Schwäche ankämpfen. *Zu Ebisch und Frau Peters, die sichtbar werden.* Hast du Kognak, Onkel? Bring Tee, was du hast, Mutter! Ich höre im Geiste schon das Hupensignal von Administrator Hanefeldt. Man darf ihn seinen Verfolgern nicht ausliefern.

Frau Peters und Ebisch laufen nach dem Gewünschten.

PROFESSOR GEIGER *hat den Geheimrat schärfer beobachtet.* Wenn nur eine Reise mit ihm, in der Verfassung, in der er sich nun einmal befindet, überhaupt noch möglich ist. — *Eine Hupe wird hörbar.*

INKEN, *nahezu außer sich.* Das sind die Verfolger! Das sind die Hetzhunde! *Sie nimmt den Revolver des Onkels, der auf einer Kommode liegengeblieben ist.* Aber bei Gott! Solange ich lebe, solange noch ein Atemzug in mir ist, treten sie nicht über diese Schwelle.

Pastor Immoos tritt Inken in der Flurtür entgegen.

PASTOR IMMOOS. Im Namen Jesu Christi, Inken: lege sogleich die Waffe weg!

INKEN. Wenn entmenschte Rotten sich nahen, Herr Pastor?

PASTOR IMMOOS. Das sind Übertreibungen, die man deiner Lage zugute halten muß. Ich duze dich, denn du bist meine Konfirmandin: daß du dich dessen erinnerst, darauf rechne ich.

INKEN *erhebt halb die Waffe.* Zurück! Beiseite! Ich höre Sie nicht, und ich kenne Sie nicht!

Der Pastor weicht, und sie geht ihm nach, die Waffe in der Rechten, hinaus.

PROFESSOR GEIGER. Fräulein Peters, machen Sie keine Torheiten! Schließlich gibt es noch andere Möglichkeiten, wenn man auch vorläufig kapitulieren muß.

Er eilt Inken nach.

Vor dem Hause entsteht und steigert sich eine gewisse Un-
ruhe. Hupensignale, Gespräch, Wortwechsel. Winter ist als
einziger bei dem Geheimrat zurückgeblieben. Dieser liegt in
der Sofaecke und atmet schwer. Winter entledigt sich der
Gegenstände, die er trägt, nimmt auf einer Stuhlecke Platz
und beobachtet den Schlafenden.

GEHEIMRAT CLAUSEN. Höre, wo kommt der Gesang her, der
mich nicht schlafen läßt, Winter?

WINTER. Herr Geheimrat, ich höre ihn nicht.

GEHEIMRAT CLAUSEN. Wer den nicht hört, ist taub, guter
Winter. — Chöre, Chöre, ein Chorgesang! Gewaltig! Er
macht das Blut gerinnen. —

WINTER. Dann mag es die Orgel sein in der Kirche.

GEHEIMRAT CLAUSEN. Richtig, die Kirche ist nebenan. — Hat
nicht Pastor Immoos mit mir gesprochen?

WINTER. Mag sein, Herr Geheimrat, ich weiß es nicht.

GEHEIMRAT CLAUSEN. Ich sollte ins Pfarrhaus, er wollte mich
abholen. — Was soll ich im Pfarrhaus... da meine Stätte
doch mitten im Weltendome ist?! Jawohl, Winter, mitten
im Weltendome...

WINTER. Ich möchte doch Fräulein Inken hereinrufen.

GEHEIMRAT CLAUSEN. Schenke mir ein Glas Wasser, Winter! —
Winter findet eine gefüllte Wasserkaraffe, gießt ein und
bringt dem Geheimrat das volle Glas. Danke! — Von diesen
selben Händen erfuhr ich mein Lebtag so manche Hand-
reichung, es würde uns schwerfallen, sie zu zählen. Und
diese, die letzte, ist nicht die schlechteste, weil sie deinen
alten Quälgeist vom Durst erlösen wird... Du kannst mal
den Schlüssel im Schlosse herumdrehn!

WINTER, *das gefüllte Glas noch in der Hand.* Ob ich das darf?
Die Leute wollen doch ab und zu gehen.

GEHEIMRAT CLAUSEN. Still, Winter — *er horcht gespannt* —,
eine Fuge, eine Motette oder ein Oratorium... Die Chimaira,
das ist ein Tier, das den Leib einer Ziege, den Schweif eines
Drachen und das Antlitz eines Löwen hat. Dieses Antlitz
speit giftiges Feuer...

WINTER. Was haben der Herr Geheimrat gesagt?

GEHEIMRAT CLAUSEN. Mich dürstet... mich dürstet nach Untergang...

WINTER. Ich möchte gern Herrn Professor Geiger Bescheid sagen.

GEHEIMRAT CLAUSEN. Mich dürstet — mich dürstet nach Untergang... Das Blut gefriert einem in den Adern... Es ist die Fuge, ist die Motette, ist das Oratorium. — *Er kramt in den Taschen und bringt eine Glasröhre mit einem weißen Pulver hervor. Er übergibt sie Winter.* Schütt mir den Zukker ins Wasser, Winter... Zucker schlägt nieder: der Kopf ist mir dumm... *Winter tut wie geheißen.* Hörst du die Fuge, die Motette, das Oratorium? — — Erst gib mir die Röhre wieder, Winter! *Er verbirgt sie hastig und sorgfältig.* Mich dürstet... mich dürstet... nach Untergang...! Also... mich dürstet... mich dürstet... nach Untergang! Mich dürstet... mich dürstet... — *Er schüttet das Glas hinunter.* Brrrr! — *Er schüttelt sich.* War das eigentlich Zucker, Winter -? — Decke mich zu, wenn du etwas Warmes in Reichweite hast! *Winter deckt einen Pelz über ihn, der Geheimrat zieht ihn halb übers Gesicht.* Mich dürstet... mich dürstet... nach Untergang — *Einen Augenblick ist er still. Dann fängt er an, stärker zu atmen. Winter beobachtet den Geheimrat. Er wird mehr und mehr unruhig, geht zur Flurtür, trifft auf Frau Peters.*

FRAU PETERS. Wenn es ihm dient, hier ist noch ein Restchen Kirschwasser.

WINTER. Er hat eben Wasser getrunken, Frau Peters — aber ich weiß nicht, was mit ihm ist...

FRAU PETERS, *nach kurzer Beobachtung.* Er schläft. Gott sei Dank, wenn der Mann sich ausruht, Herr Winter.

WINTER. Schrecklich, schrecklich, Frau Peters, wie man mit einem solchen Herrn umgesprungen ist.

FRAU PETERS. Drüben beim Pastor sind alle versammelt: Bettine, Wolfgang, und auch die Frau Klamroth ist da. Ein Krankenwagen steht vor dem Parktore, er wird in eine Anstalt gebracht. Steynitz stemmt sich mit allen Kräften dagegen, aber der Administrator Hanefeldt behauptet, er muß darauf bestehen, denn er trage die Verantwortung.

INKEN *kommt zurück, sehr erregt.* Ja, drüben im Pfarrhaus sind sie versammelt. Warum tut sich die Erde nicht auf, um diese Rotte Korah einzuschlingen?! Und dieser Verbrecher Hanefeldt: er hat nach der Polizei geschickt: mit Gewalt, sagt er, werde er vorgehen. Wir werden sehn, wer stärker ist! *Professor Geiger tritt wieder ein.*

PROFESSOR GEIGER. Gegen diese Übermacht aufkommen kann man im Augenblick nicht. Aber endlich werden wir siegen, wenn irgend noch Recht und Gerechtigkeit in der Welt zu finden sind.

Der Geheimrat röchelt laut auf.

INKEN. Matthias, Matthias — was hast du, Matthias? *Er will reden, vermag es nicht. Inken deckt ihn halb auf.* Sprich, was möchtest du denn, Matthias?

FRAU PETERS. Er möchte reden — und kann es nicht. *Zu Professor Geiger.* Gehn Sie zu ihm, er sieht Sie an — er sieht Sie an und sieht dann Inken an. —

INKEN. Rede — kannst du nicht reden, Matthias?

FRAU PETERS. Gleich wird er reden — ihm zittert der Mund. — *Sanitätsrat Steynitz kommt. Frau Peters fährt fort.* Der liebe Gott selber schickt Sie, Herr Doktor!

SANITÄTSRAT STEYNITZ. Ich konnte nicht früher — da drüben gibt es das größte Durcheinander im Pastorhause, jeder will seine Schuld auf den andern abladen —

INKEN, *mit dem Ohr dicht am Munde des Geheimrats.* Wenn du auch noch so leise hauchst, sprich, ich verstehe alles, Matthias — sag, was du auf dem Herzen hast. —

SANITÄTSRAT STEYNITZ, *zu Inken.* Wollen Sie mir mal zunächst Ihren Platz überlassen?

EBISCH. Dat is doch nich etwa 'n Schlaganfall?

FRAU PETERS. Sprich leise, Laurids, die Sterbensminuten machen hellhörig.

SANITÄTSRAT STEYNITZ *deckt den Sterbenden halb ab und beobachtet ihn scharf. Danach.* Hier ist eine Wendung eingetreten —

PROFESSOR GEIGER, *leise zu Frau Peters.* Wollen Sie nicht Ihre Tochter hinausführen?

SANITÄTSRAT STEYNITZ. Es wäre überhaupt angezeigt, wenn Sie mich mit dem Patienten allein ließen. Sie, Winter, und Professor Geiger bleiben vielleicht zur Hilfeleistung hier — es könnte sein, daß sie notwendig würde.

Ebisch und Frau Peters nehmen Inken zwischen sich, um sie hinauszuführen.

INKEN, *wie vor den Kopf geschlagen.* Stirbt Matthias? Meinst du, er stirbt, Mutter? *Sie wird hinausgeführt.*

SANITÄTSRAT STEYNITZ *nimmt das leere Glas, das auf einem*

*Tischchen in Armweite des Geheimrats stehengeblieben ist,
und riecht daran.* Was wäre denn das für ein Glas, Winter?

WINTER. Der Geheimrat hat eben zu trinken verlangt. Er
gab mir Zucker in einer Glasröhre, den hab' ich ihm müssen
ins Wasser tun.

SANITÄTSRAT STEYNITZ, *wie vorher.* Zuckerwasser? Wo ist die
Glasröhre?

WINTER. Er forderte sie von mir zurück, er steckte sie wieder
in die Tasche.

*Sanitätsrat Steynitz nimmt vorsichtig das Taschentuch des
Geheimrats und damit die Glasröhre aus dessen Brusttasche
und hält sie prüfend unter die Lampe. Die Atemzüge des
Geheimrats werden schneller und stärker. Steynitz blickt ab-
wechselnd den Patienten, Winter und schließlich Professor
Geiger an. Diesen winkt er mit den Augen zu sich heran.*

PROFESSOR GEIGER, *bedeutsam.* Was haben Sie da für eine
Glasröhre?

SANITÄTSRAT STEYNITZ. Zucker mit bittrem Mandelgeruch.

PROFESSOR GEIGER. Also doch: der Schüler von Marc
Aurel...!

SANITÄTSRAT STEYNITZ. Kein Zweifel, sein Schicksal vollendet
sich. —

*Der Geheimrat stößt mit einem lauten, von innerst kommen-
den Geräusch seinen letzten Atem aus.*

PROFESSOR GEIGER, *nach längerem erschüttertem Schweigen.*
Sollte man Gegengifte und Gegenmaßregeln anwenden?

SANITÄTSRAT STEYNITZ. Gegen wen oder was? Das war der
Tod, Herr Professor...

Inken, die den Laut gehört hat, dringt herein.

INKEN. Er ist tot — ich weiß es —, er ist nicht mehr. —

SANITÄTSRAT STEYNITZ. Und nun nehmen Sie alle Kraft zusammen. —

INKEN. Nicht nötig, ich bin ganz ruhig, Herr Steynitz —

*Sie klammert die Hände ineinander, tritt einige Schritte vor
und betrachtet den Toten mit zusammengepreßten Lippen.*

PROFESSOR GEIGER, *leise zu Steynitz.* Mir ist, als sähe ich
einen, der einem Schuß aus dem Hinterhalt zum Opfer ge-
fallen ist.

SANITÄTSRAT STEYNITZ. Er ist ein Opfer, das will ich meinen,
ob er nun an dem Präparat gestorben ist oder nicht...

*Eine Weile herrscht tiefes Schweigen, dann treten Hanefeldt
und der Pastor leise ein.*

JUSTIZRAT HANEFELDT. Wie stehn die Dinge? Man ist drüben
sehr unruhig. —

SANITÄTSRAT STEYNITZ. Ihr Krankenwagen mag leer nach
Haus fahren — und Ihre Vormundschaft war ein recht kur-
zes Provisorium...

JUSTIZRAT HANEFELDT. Ich habe nur im Interesse der Clausenschen Erben eine sehr, sehr traurige Pflicht wahrzunehmen
gehabt. Ich habe mich ihr, als Freund der Familie, nicht
entzogen — es war eine undankbare Aufgabe. So schmerzlich
der Ausgang leider ist: ich muß mir den reinsten und besten
Willen zubilligen.

SANITÄTSRAT STEYNITZ. Verzeihen Sie, Herr Justizrat, wenn
ich nicht ganz aus vollem Herzen zustimmen kann!

JUSTIZRAT HANEFELDT. Ich werde Ihnen woanders antworten.
— *Frau Peters und Ebisch treten ein.*

PASTOR IMMOOS, *nahe dem Verstorbenen.* Um Christi willen,
nur die Familie Clausen fernhalten!

PROFESSOR GEIGER. Warum denn, Herr Pastor? Sie hat, was
sie will.

Fontane-Bibliothek

ein Ullstein Buch

Miguel Angel Asturias

Sturm

Ullstein Buch 3234

Der erste Roman einer
Trilogie des lateinamerika-
nischen Nobelpreisträgers
handelt vom Kampf um eine
Bananenplantage in Guate-
mala, die im Besitz einer
nordamerikanischen Gesellschaft ist. Held des Romans
ist ein Nordamerikaner, der
unter den Pflanzern lebt,
Zeuge der Ungerechtigkeit
wird, deren Opfer sie sind,
und sich endlich zu ihrem
Fürsprecher macht. In hohem
Maße finden sich hier zwei
Elemente, die diesen Roman
auszeichnen: das Poetische,
ja Mythische, und das
Soziale.

ein Ullstein Buch

Valentin Katajew

Es blinkt ein einsam Segel

Ullstein Buch 3248

Unverkennbar ist der autobiographische Hintergrund dieses ebenso heiteren wie spannungsgeladenen Romans aus dem Jahr 1905. Für den Knaben Petja beginnt nach den Sommerferien eine Reihe von Abenteuern, die seine idyllische Welt grundlegend verändern, als er die Stadt Odessa plötzlich als Schauplatz des Kampfes zwischen Armee und revoltierenden Arbeitern vorfindet. Zusammen mit dem Fischerjungen Gawrik wird er zum Verbündeten der kämpfenden Arbeiter.

ein Ullstein Buch

Maria Dombrowska

Nächte und Tage

Ullstein Buch 3271
(Zwei Bände in Kassette)

Der große Entwicklungs- und Familienroman, das Hauptwerk der bedeutenden polnischen Erzählerin, als Taschenbuch. Der vierteilige Romanzyklus gilt als ein Dokument der polnischen bürgerlichen Gesellschaft und Kultur, er spielt im Zeitraum 1880 bis 1914 in Kalisch, im damals zu Rußland gehörenden Teil Polens.
Beide Bände werden nur geschlossen in einer Kassette abgegeben.

ein Ullstein Buch

Ivo Andric

Das Fräulein

Ullstein Buch 3263

Vor dem Hintergrund des gesellschaftlichen Lebens in Sarajewo und Belgrad der Jahre 1905 bis 1935 zeichnet Nobelpreisträger Ivo Andrić das Bild einer von Geiz und Besitzgier besessenen Frau, deren Habsucht alle anderen menschlichen Regungen verdrängt. Wie sich die vergewaltigte Natur eines Tages an ihr rächt, wie ihr Leben in völliger Versteinerung zu Ende geht, wird in dieser großartigen Charakterstudie eindringlich geschildert.

ein Ullstein Buch